知出版

Preface
自序

想不到從小到大的夢想，在 2024 年終於可以實現。

回想當初在泰國定居，一直都想用簡單的文字和圖片分享生活，及後在家人鼓勵下成為影片創作者，透過網上頻道介紹在其他地方未必看得到的內容。

今次收到撰寫旅遊書邀請時，坦白說心底裏又驚又喜，驚是因為我自問中文及寫作文筆都不是特別擅長，也曾在拍攝影片時擺烏龍說錯成語。而令我感到歡喜的原因，是有機會跳出網絡媒體，撰寫一本實實在在能翻閱的實體旅遊書，能觸及更多讀者。藉此機會，我要感謝出版社、家人及朋友的支持和鼓勵，還有天父爸爸的眷顧，才能逐步衝破難關完成這本書。

在籌備這本旅遊書時，發覺近幾年曼谷的景點持續增加，除吃喝玩樂，還有不少地方值得拜訪，位置不再局限於市區鐵路沿線，於是我決定採用曼谷行政區的「縣（Khet）」去分區，期望讓以泰國作為第二家鄉的旅客，可以重新認識曼谷，發掘到原汁原味的本地文化。

隨着泰國政府對不同國家實施階段性免簽入境，想必曼谷會有更多新景點值得觀光探險，希望大家多多支持，來旅行時跟着這本書遊曼谷，體驗更地道的風土民情。

曼谷見，**ยินดีต้อนรับครับ！**

Kleb

Contents

目錄

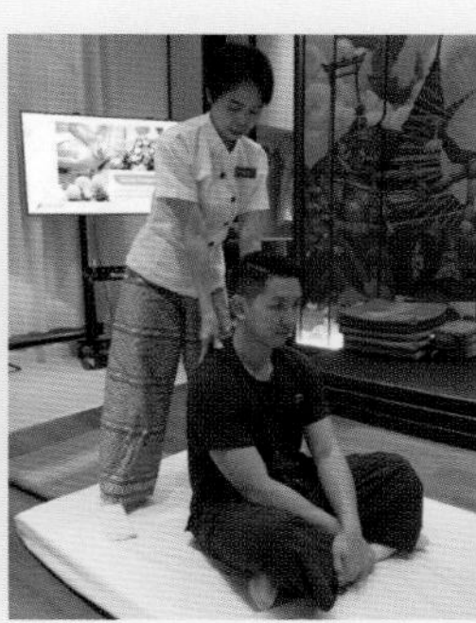

那空那育府
(Nakhon Nayok)
暖武里府
(Nonthaburi)
北欖府
(Samut Prakan)
龍仔
厝府
(Samut
Sakhon)
36
42
41
5
46
30
29
38
27
43
10
48
19
25
2
14
26
45
6
44
20
1
8
37
17
11
16
13
7
39
34
22
18
4
33
40
15
28
32
23
35
31
12
9
24
47
50
49
21

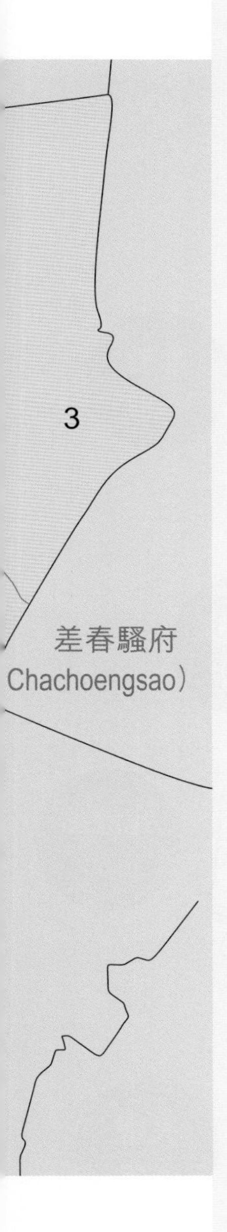

Map 曼谷分區地圖

1. 拍那空縣（Phra Nakhon）	26. 鄰鈴縣（Din Daeng）
2. 律實縣（Dusit）	27. 汶昆縣（Bueng Kum）
3. 農卓縣（Nong Chok）	28. 沙吞縣（Sathon）
4. 挽叻縣（Bang Rak）	29. 挽賜縣（Bang Sue）
5. 挽卿縣（Bang Khen）	30. 乍都節縣（Chatuchak）
6. 挽甲必縣（Bang Kapi）	31. 挽柯蓮縣（Bang Kho Laem）
7. 巴吞旺縣（Pathum Wan）	32. 巴域縣（Prawet）
8. 邦巴沙都拍縣（Pom Prap Sattru Phai）	33. 孔提縣（Khlong Toei）
9. 拍崑崙縣（Phra Khanong）	34. 萱鑾縣（Suan Luang）
10. 民武里縣（Min Buri）	35. 宗通縣（Chom Thong）
11. 叻甲挽縣（Lat Krabang）	36. 廊曼縣（Don Mueang）
12. 然那哇縣（Yan Nawa）	37. 拉差貼威縣（Ratchathewi）
13. 三攀他旺縣（Samphanthawong）	38. 叻抛縣（Lat Phrao）
14. 披耶泰縣（Phaya Thai）	39. 宛他那縣（Watthana）
15. 吞武里縣（Thon Buri）	40. 挽奇縣（Bang Khae）
16. 曼谷艾縣（Bangkok Yai）	41. 朗四縣（Lak Si）
17. 匯權縣（Huai Khwang）	42. 曬邁縣（Sai Mai）
18. 空訕縣（Khlong San）	43. 漢那堯縣（Khan Na Yao）
19. 打鄰倉縣（Taling Chan）	44. 沙攀松縣（Saphan Sung）
20. 曼谷蓮縣（Bangkok Noi）	45. 汪通郎縣（Wang Thonglang）
21. 挽坤天縣（Bang Khun Thian）	46. 空三華縣（Khlong Sam Wa）
22. 帕世乍能縣（Phasi Charoen）	47. 挽那縣（Bang Na）
23. 廊鑿縣（Nong Khaem）	48. 他威越他那縣（Thawi Watthana）
24. 叻武拉納縣（Rat Burana）	49. 童酷縣（Thung Khru）
25. 挽拍縣（Bang Phlat）	50. 挽汶縣（Bang Bon）

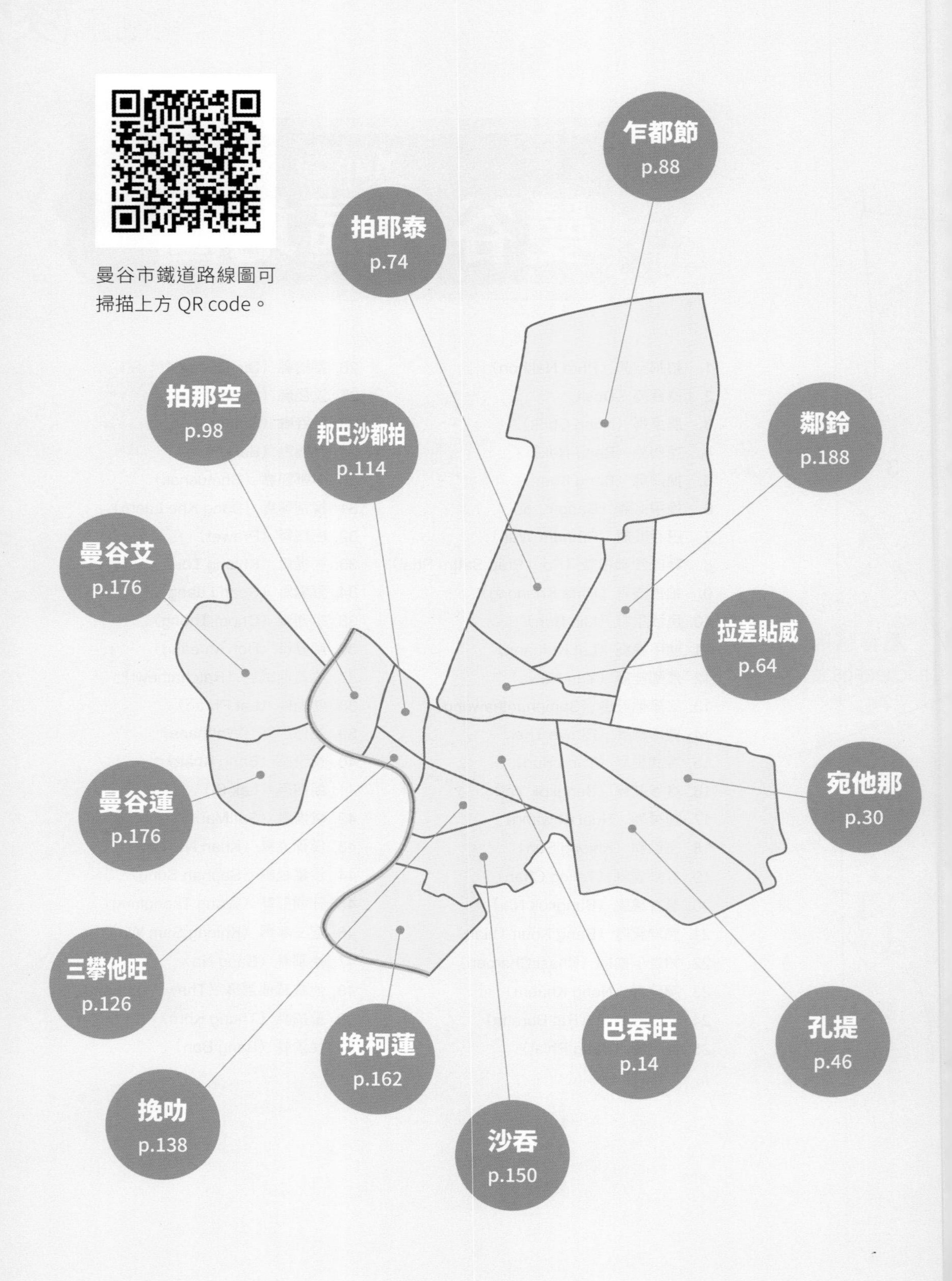
曼谷市鐵道路線圖可
掃描上方 QR code。
乍都節
p.88
拍耶泰
p.74
拍那空
p.98
邦巴沙都拍
p.114
鄭鈴
p.188
曼谷艾
p.176
拉差貼威
p.64
宛他那
p.30
曼谷蓮
p.176
三攀他旺
p.126
挽柯蓮
p.162
巴吞旺
p.14
孔提
p.46
挽叻
p.138
沙吞
p.150

Map

最新遊泰須知

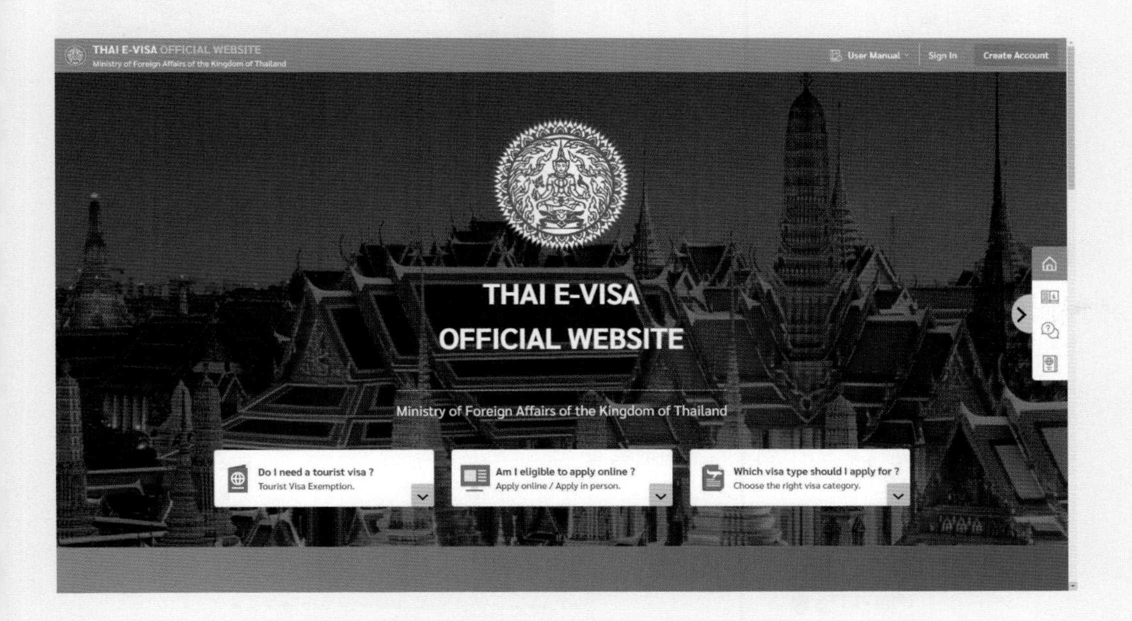

檢查護照有效期、簽證類別

入境泰國須持有不少於 6 個月有效期之護照，持香港特區護照及 BNO 護照同樣能享有 30 天免簽證待遇，逗留日數不超過此限的旅客可出示有效護照及回程機票等證明文件登機。

若旅遊行程需要逗留多於 30 天，可以先在泰國外交部網站（www.thaievisa.go.th）查詢，並按指示建立網上帳戶，上傳所需文件及付款申請旅遊簽證 Tourist Visa（TR）。獲發旅遊簽證的申請人可憑泰國外交部電郵確認文件登機，並在泰國逗留不超過 60 天。

雖然現時經空路進入泰國，取消了以往需填寫的泰國入境卡（T.M.6），惟建議仍準備預訂住宿證明，以確保符合泰國移民處規定，順利進入泰國境內。

（以上資料最終以泰國外交部及泰國移民處更新為準。）

機場交通

來曼谷旅遊主要的機場有兩個，包括蘇汪納蓬國際機場（BKK）及廊曼國際機場（DMK）。前者通稱新機場，位於距離曼谷市中心東面的北欖府；後者則通稱為舊機場，位於曼谷的北部；兩者往來曼谷市中心同樣方便。

蘇汪納蓬國際機場（BKK）往市區

從新機場出曼谷市區，旅客一般會選乘以下三種公共交通工具：的士、機場輕軌或 LimoBus。以往機場輕軌 ARL 只能轉乘 MRT Blue Line 或 BTS Sukhumvit Line，但隨着更多鐵路投入服務，現時可以在 ARL Hua Mak 站步行轉乘 MRT 黃線，接駁到更多地區。

SRTET 紅線列車。

廊曼國際機場（DMK）往市區

從舊機場出曼谷市區，除的士及私人包車外，巴士及 SRTET 紅色線是不少旅客會選擇的交通工具。巴士線 A1 至 A4 為普通巴士，可按路線到達曼谷市區鐵路站及地標，沿途設多個停靠站；而 LimoBus 則停靠指定點。若行李不多亦可考慮 SRTET 紅色線（www.srtet.co.th/en），能在 Bang Sue 站轉乘 MRT 到曼谷不同地區。

近年部分航空公司在上述兩個機場都設有航線，回程時記得查清楚出發的機場啊！

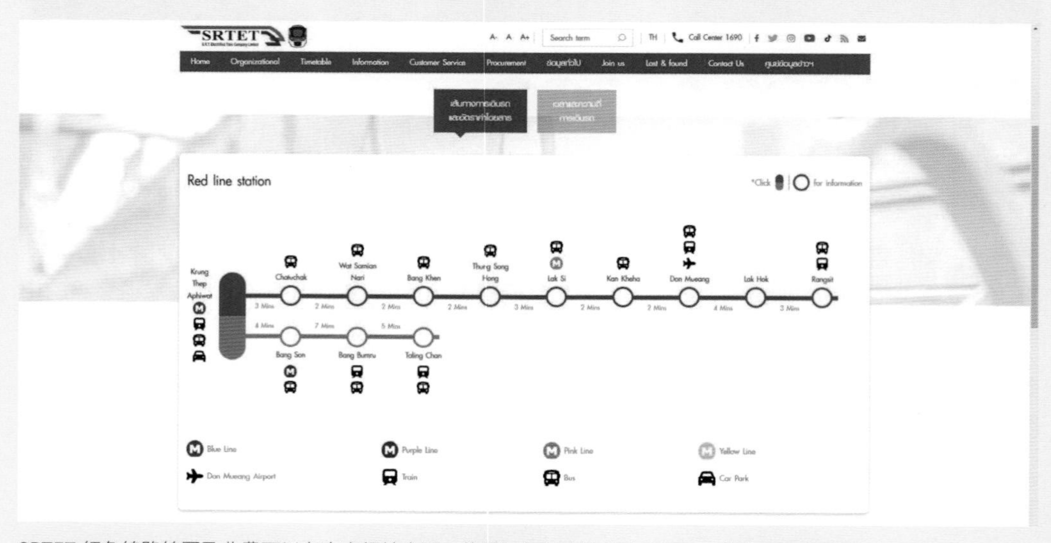

SRTET 紅色線路線圖及收費可以在官方網站查閱，能顯示每個車站的時間間距，為旅程預算時間。

曼谷鐵路是由不同的公司獨立營運，因此他們有各自的應用程式。雖然坊間有不少民間應用程式整合，但隨着近年有不同路線相繼開通，還是建議安裝官方應用程式，可得到最新資訊。

BTS SkyTrain / THE SKYTRAINs

THE SKYTRAINs

由曼谷大眾運輸系統公共有限公司所開發之應用程式，能顯示其營運路線。疫情期間 BTS SkyTrain 可以為使用者提供 Sukhumvit Line、Silom Line 及 Gold Line 三條 BTS 路線資訊。隨着所營運之路線增加，之後推出 THE SKYTRAINs 應用程式，除了可以顯示上述三條路線，更可以顯示單軌鐵路 MRT 黃線及粉紅線。

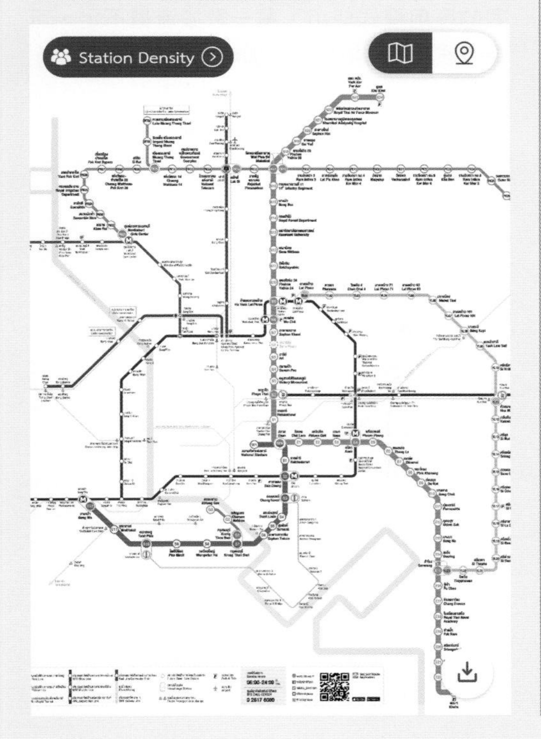

Bangkok MRT

MRT

由曼谷高速公路與地下鐵路公眾有限公司開發之應用程式，能顯示其營運之 Blue Line 及 Purple Line，可以選擇起點及終點車站，預覽車資及行車時間等。

車票及主要儲值卡

除各鐵路單程車票，泰國備有多種儲值卡可使用。

Rabbit Card

由曼谷大眾運輸系統公共有限公司旗下 BSS 開發的儲值卡，可以在各 BTS 站售票處買到，通用版每張฿200（含฿100 發卡費用 +฿100 可用餘額）。初次購買需要以護照作實名登記（KYC），才可使用。除了可用於乘搭 BTS 及其營運之 MRT 線，市面上部分大型商店及美食廣場均可作付款用。

* ฿100 = 約 $21

BTS One Day Pass

每張售價฿150，可以在各 BTS 站售票處買到，即日於 BTS 綠色路線無限次使用。

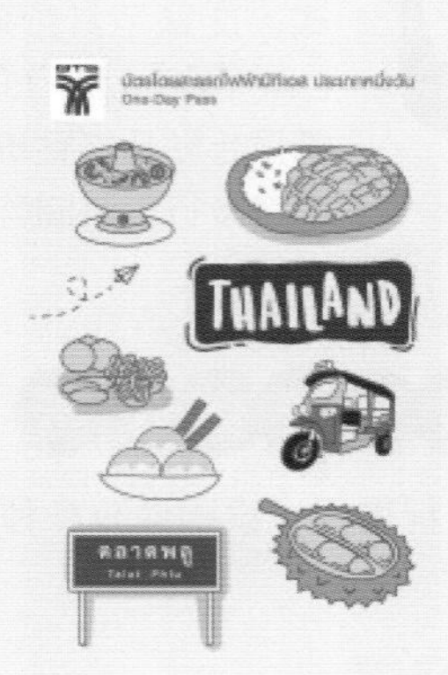

MRT Card

由曼谷高速公路與地下鐵路公眾有限公司開發的儲值卡，可以在各 MRT 站售票處買到，通用版每張฿180（含฿100 可用餘額 +฿50 按金 +฿30 發卡費用），主要作乘搭 MRT 之用。

EMV 卡

部分路線可以使用銀行發出的 Visa 或 Mastercard 非觸式晶片信用卡。

泰國電訊公司 SIM 卡

泰國主要電訊公司有三間，分別是 AIS、DTAC 及 TRUE，在機場入境大堂不難找到他們的櫃位。旅客可以按自己需要選擇適合日數及數據流量，購買時需要以護照作實名登記，職員亦可以代為更換手機電話卡。

AIS

DTAC

TRUE

若錯過機場入境大堂的電訊公司櫃位，各大 7-11 便利店亦有售賣 DTAC 及 TRUE 品牌的電話卡，可向收銀處職員提出並出示護照辦理；或到各商場的電訊公司門市辦理亦可。

使用本人實名電話卡的好處是可配合電訊公司的應用程式使用，萬一數據流量不足，可直接透過電話增值，及加購不同服務組合。

< Select payment method

Wallet

LINE Pay

Mobile Banking

K PLUS

SCB EASY

NEXT

BualuangM

KMA

Credit/Debit Card

Top up amount 100.00 THB

AIS 操作畫面

泰國旅遊推薦 App

交通

Grab / Bolt（私家車 / 電單車等）

Grab

Bolt

這兩款都是泰國常用的召車App，前者覆蓋率較高及已紮根多年，後者則近年在泰國積極發展。要注意車資與市場供求掛勾，繁忙時間收費會比平常高。不過平台不時推出優惠碼，不妨每次在確認送出行程前點選優惠一欄，點選合適優惠碼。

Muvmi（電動篤篤車）

Muvmi

近年曼谷街頭多了很多篤篤車，這是屬於 Muvmi 的電動篤篤。它採用平台形式召車，曼谷主要旺區都是他們的服務區域，需按照固定分區及點對點形式上落。車資方面不設現金收費，需以電子付款方式支付。收費分為包車及共享形式兩種，攜行李或一行多人建議選擇前者，若不介意最多 6 人共享形式的話則可選擇後者。

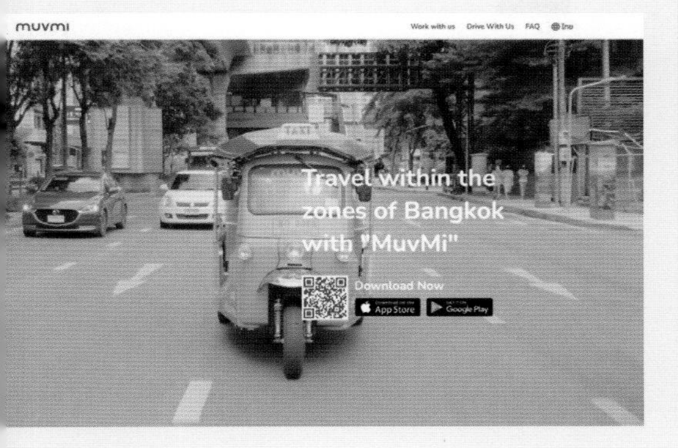

ViaBus（巴士）

ViaBus

越來越多朋友嘗試跳出旅行舒適圈，選擇乘搭巴士前往目的地。ViaBus 是一個可以查詢巴士路線及實時定位的應用程式，可以搜尋多條路線。加上時至今日泰國巴士仍保留乘務員即場現金收費，部分亦提供非觸式晶片信用卡付款方式，甚有特色。

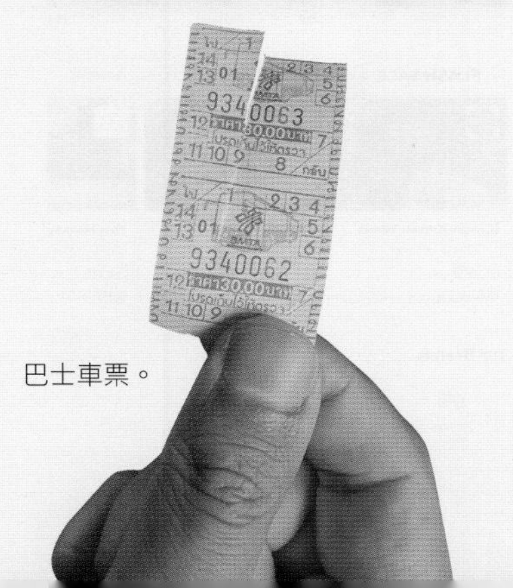
巴士車票。

飲食

Hungry Hub（餐廳預訂平台）

Hungry Hub

可以一站式搜尋推薦餐廳、訂座及預先訂購限定套餐等。部分食肆是這個平台獨家，不時會推出優惠，亦能參考評分選出心儀餐廳，非常方便。

按摩

ThaiHand Massage（按摩預訂平台）

ThaiHand Massage

提供曼谷市面各大按摩品牌的預約服務，只需選出就近的按摩分店、日期及時間，就能顯示出各式按摩選擇及收費，在平台上付款確認預約，能更好規劃旅遊行程。

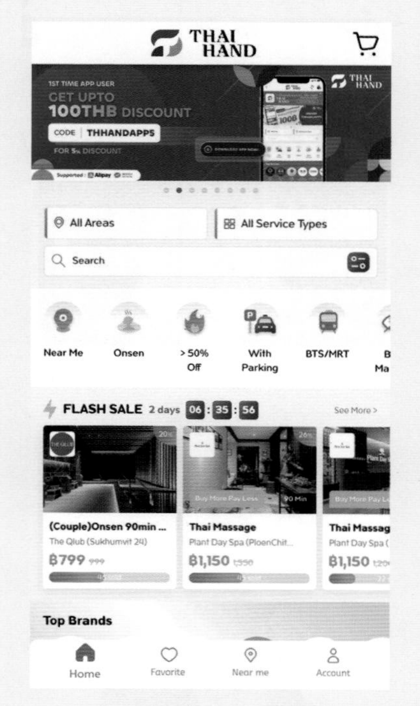

旅遊

Amazing Thailand

Amazing Thailand

泰國觀光局官方推出的應用程式，除了可以搜尋推薦的觀光、購物、餐飲及住宿等，最重要的是包含“I Lert U”功能，旅客如有需要可輸入細節及發出定位，向泰國觀光警察求助。

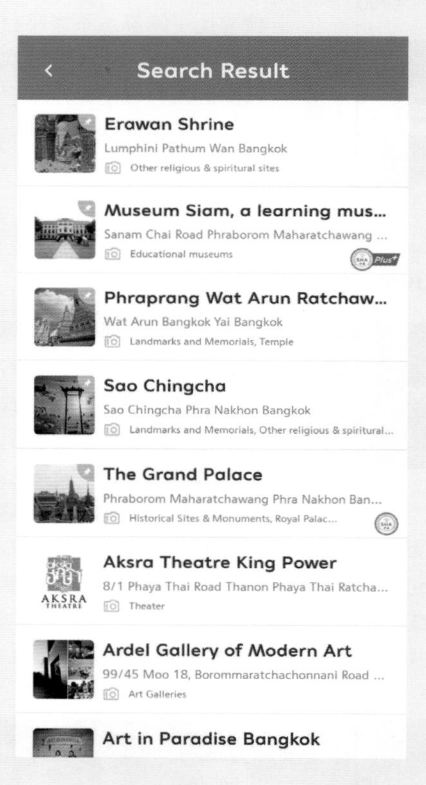

流行付款方法

泰國除現金流通外，現時還流行多種電子付款方式，包括 Line Pay 及 Alipay+ 等電子錢包，均可以在泰國使用，按實時匯率結算。

พร้อมเพย์
PromptPay

其中最受香港遊客歡迎，非 2023 年 12 月開通的「轉數快 x PromptPay」莫屬，由香港金管局與泰國中央銀行推出，可以使用跨境二維碼支付互聯，毋須攜帶或兌換大量現金，只要看到 PromptPay 標誌且是指定銀行的商用賬戶，即可透過轉數快實時付款，按實時匯率結算。

泰國參與銀行：

盤谷銀行（Bangkok Bank）/ 大城銀行（Bank of Ayudhya）/ 開泰銀行（Kasikornbank）/ 泰京銀行（Krungthai Bank）/ 匯商銀行（Siam Commercial Bank）

香港參與銀行及儲值支付工具：

中國銀行 / 交通銀行 / 東亞銀行 / 花旗銀行 / 富邦銀行 / 恒生銀行 / 滙豐銀行 / HKT Payment Limited / 八達通卡

（以上參與銀行資料以雙方金融機構更新為準）

兌換泰銖方法

找換店

在曼谷不同鐵路站及大型商場都可以見到找換店，其中以 SuperRich 1965（橙色）及 Superrich Thailand（綠色）最為遊客熟悉，下載他們的應用程式可以實時看到各分店的匯率。

Superrich Thailand

SuperRich 1965

ATM 機提款

出發前先開通銀行提款卡的海外提款功能，就可以在泰國各大主流銀行櫃員機提取泰銖，惟每筆提款均須收取手續費。

Cashmallow

港幣兌泰銖的匯率時有浮動，使用 Cashmallow 就可以預先在香港鎖定最佳匯率。只需要登記及上傳個人身份文件註冊成為用戶，就可以按照指示匯港幣到 Cashmallow 的銀行賬戶，經核實後泰銖款項就會根據每筆交易獨立存入應用程式的「我的錢包」。當抵達泰國就可以到指定銀行 SCB 的櫃員機以「無卡提款」形式提取；而且我的錢包內的「可領提」不設保存及提款期限，能按實際情況提取。

（以上純屬個人使用分享，請自行細閱條款。Cashmallow 香港海關金錢服務經營者牌照 18-03-02352）

MAP

❶ Banthat Thong Road ❷ Dosan Dalmatian ❸ Mamemi 媽咪蜜 ❹ Pathumwananurak Park
❺ The Cheesecake Factory ❻ Shabu Baru Mini ❼ Mind n Matter Massage

Pathum Wan
巴吞旺縣

應該是曼谷最多遊客的一區，地標性購物商場 Siam Paragon、Central World，甚至過百年歷史的朱拉隆功大學都在區內，既齊集來自世界各地的品牌，又聚集本地及各國遊客，非常熱鬧，因此巴吞旺縣的配套設施也國際化。除商業元素，泰王拉瑪六世御花園 Lumphini Park 也位於區內，公園裏早晚都有運動愛好者，但小心會碰到澤巨蜥，aka 五爪金龍啊！

四面神

交通方式

BTS	Silom Line	National Stadium / Ratchadamri 站
BTS	Sukhumvit Line	Siam / Chit Lom 站
MRT	Blue Line	Sam Yan 站

Banthat Thong Road

朱拉隆功大學是曼谷著名學府，有不少年輕人聚集在附近覓食，其中 Banthat Thong Road 過往已經有各式地道小食。隨着疫情解封，吸引不少新餐廳進駐街道分一杯羹，並且注入不同飲食元素，造就這條曼谷市中心充滿人氣的食街。

地 Banthat Thong Road, Khet Pathum Wan, Bangkok 10330

時 集中黃昏至凌晨（部分商家早上開始營業）

交 ① BTS Silom Line **National Stadium 站** 2 號出口步行約 8 分鐘（Rama I Road 一端街口）

② MRT Blue Line **Sam Yan 站** 2 號出口經 Samyan Mitrtown 步行約 11 分鐘（Rama IV Road 一端街口）

（兩者都可以坐電動篤篤車 Muvmi 到 Banthat Thong Road 指定地點）

2023 年 12 月 OPEN

Bingbun

地 1638 Banthat Thong Road, Khwaeng Rong Mueang, Khet Pathum Wan, Bangkok 10330

時 16:00~00:00

黃昏經過 Bingbun 時，已經見到很多人在排隊，想不到吃完正餐再回來，依然有不少捧場客。Bingbun 由 **MasterChef Thailand Season 3 冠軍廚師開設**，門外有人形紙板作招徠。外表高大型格的 Chef Max 除了在泰國得到烹飪獎項，更曾在澳洲深造廚藝及參加大型比賽，實力不容置疑，食物品質亦有相當保證，難怪一開業就有不少顧客慕名而來。

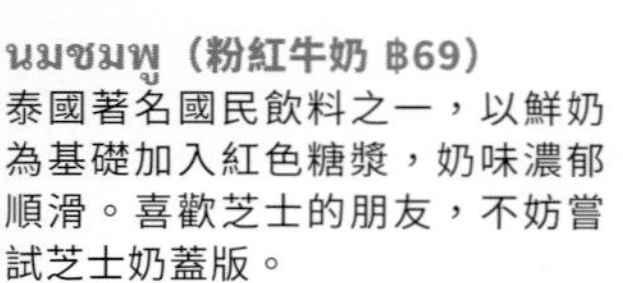

บันหน้าล้นไข่เค็ม（鹹蛋雪糕流心包 ฿179）
麵包夾兩球雪糕及吉士鹹蛋醬，賣相吸引。以牛油煎香的麵包微溫香脆，與冰凍的雪糕成強烈對比，放到口中冰火交融，特別在切開的時候可以看到雪糕內有蛋黃。麵包整體帶香味，但不會被鹹蛋味喧賓奪主，吃完亦不會膩。

นมชมพู（粉紅牛奶 ฿69）
泰國著名國民飲料之一，以鮮奶為基礎加入紅色糖漿，奶味濃郁順滑。喜歡芝士的朋友，不妨嘗試芝士奶蓋版。

2022 年 3 月 OPEN

Asawin Boat Noodles

地 989, 991 Banthat Thong Road, Khwaeng Wang Mai, Khet Pathum Wan, Bangkok 10330

時 11:00~22:00

店名及裝飾設計均以騎士為主題，店內明亮。

曼谷有不少船麵店，除了在勝利紀念碑站有船麵一條街，Banthat Thong Road 也有 Asawin Boat Noodles。Asawin 售賣的船麵**以大碗為主**，不是一啖一碗的那種，價錢公道，性價比高，難怪外賣生意同樣興旺。

Set D เรือหมูสไลด์รวม（Sliced Pork Boat Noodles，豬肉片船麵套餐 ฿135）

套餐有豬肉片船麵、炸豬皮及一杯自選飲料，我選擇乾拌船麵及菊花茶。配料有豬肉片、豬肉丸及豬肝，豬的味道十分突出。乾拌船麵上有花生碎，增添粒粒口感，與自選的蛋麵一爽一脆。豬皮炸得鬆脆，沒有油膩味，與船麵很匹配。菊花茶清香自然，喝了喉嚨很舒服。

กากเจียวอัศวิน（Crispy Pork Fat，招牌炸豬油渣 ฿30）

招牌炸豬油渣，炸出多餘油分，剩低的油渣乾身脆口，適合放到船麵裏吸滿湯汁一同享用。

ก๋วยเตี๋ยวเรือเนื้อ（Beef Boat Noodles，牛肉船麵 ฿69）

大碗船麵，配料齊集牛各種部位，除牛肉片，還有牛肝、牛百葉及牛丸。湯底味道非常濃郁，並已預先加入少許辣味，如果不能吃辣，可點不要辣。船麵配以香口炸蒜，另通菜粒及芽菜都很爽口。

2023 年 9 月 OPEN

BKK Chicken

地 1612, 1616 Banthat Thong Road, Khwaeng Rong Mueang, Khet Pathum Wan, Bangkok 10330

時 16:00~00:00

吃炸雞除了去大型連鎖餐廳，其實不少小店都做得很出色，例如 BKK Chicken。BKK 除炸雞外，還有其他小食、沙律及飯，種類多元。最貼心是 BKK 有泰文、英文及中文菜單，不懂泰文點食物都沒有難度。

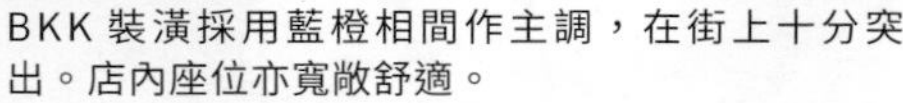

BKK 裝潢採用藍橙相間作主調，在街上十分突出。店內座位亦寬敞舒適。

Our Classic ไก่กรุง - Size S
(Our Classic BKK Chicken - Size S，
BKK 經典炸雞 – 小 ฿250)

包括三件炸雞、一道自選配菜和一個自選醬汁。炸雞為雞脽、雞下腿及雞全翼各一，每件都可選擇不同口味，需等待 15 至 20 分鐘即炸。自選配菜八選一，我今次選擇較特別的醃苦瓜 。醬汁則選擇松露蛋黃醬。

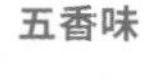

五香味	以泰式滷水為概念，可以看到八角等香料，味道微甜帶鹹香。
冬蔭味	肉眼已看出濃濃冬蔭味，上面鋪有香茅、辣椒及檸檬葉，味道酸辣開胃。
羅勒味	隱約看到炸雞上有綠色羅勒葉碎，味道突出，與一般泰式炒羅勒葉同出一轍。
醃苦瓜	經醃製後不再苦，但保持到苦瓜獨有香味，味道偏酸，適合作為開胃前菜及吃各款炸雞前清潔味蕾。
松露蛋黃醬	重口味的朋友不妨將炸雞蘸上，令味道更有層次。

2022 年 12 月 OPEN

南豆腐 Nam Dao Huu

地 1574 Banthat Thong Road, Khwaeng Rong Mueang, Khet Pathum Wan, Bangkok 10330

時 週一至四 12:00~01:00
週五六日 12:00~02:00

南豆腐位於十字路口，有中文字招牌，香港遊客來到應不難找到。

中文店名「南豆腐」由泰文直譯過來，「南（น้ำ）」解作水，與「豆腐（เต้าหู้）」合在一起意指「豆漿」，即南豆腐的主打商品，配方源自當年唐人街，所以店內牆身畫滿相關圖案，帶顧客回到那些年。

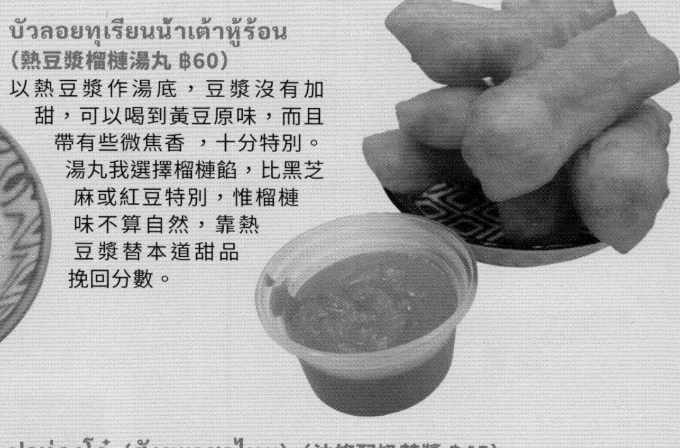

บัวลอยทุเรียนน้ำเต้าหู้ร้อน
(熱豆漿榴槤湯丸 ฿60)
以熱豆漿作湯底，豆漿沒有加甜，可以喝到黃豆原味，而且帶有些微焦香，十分特別。湯丸我選擇榴槤餡，比黑芝麻或紅豆特別，惟榴槤味不算自然，靠熱豆漿替本道甜品挽回分數。

ปาท่องโก๋（สังขยาชาไทย）（油條配奶茶醬 ฿45）
泰國油條比香港的細得多，但同樣脆口。泰國人除了配咖啡吃，還會配不同醬，如斑蘭或簡單的煉奶。今次我選擇新的泰式奶茶醬，比較稠身，容易掛到油條上，味道不會太甜，如奶茶味更濃會更好吃。

เฉาก๊วยโบราณ
(仙草凍 – 少冰 ฿30)
南豆腐亦售各種中式甜品，仙草凍為較便宜之選。仙草凍上有一球碎冰，吃前先搗碎可讓底下糖水變得冰凍。仙草凍質感較堅挺，像香港磚塊涼粉，較有咬口。喜歡甜的朋友可加紅糖或黃糖。

ไอศครีมน้ำเต้าหู้โคน（豆漿雪糕 ฿40）
未知是否以鮮豆漿為主要材料的緣故，所以雪糕質感沒有軟雪糕幼滑，反而有沙粒感像雪葩，但勝在豆漿味道濃郁，帶些微焦香味，是我印象最深刻的甜品。

2022 年 12 月 OPEN

Dosan Dalmatian

Dosan Dalmatian 源自韓國首爾，是**以斑點狗（Dalmatian）作主題**的咖啡店品牌。曼谷店選址最多年輕人聚集的 Siam Square，佔地多層。店內裝飾採用斑點狗元素，例如牆身圖案、斑點狗掛畫、斑點狗模型等，配色繽紛。不得不提地面的層架裝飾，井井有條，滿有治癒感，拍照效果亦不錯。

地 424 Siam Square Soi 7, Khwaeng Pathum Wan, Khet Pathum Wan, Bangkok 10330

時 週日至四 09:00~22:00
週五六及假期 09:00~00:00

交 BTS Sukhumvit Line **Siam 站** 2 號出口步行約 5 分鐘

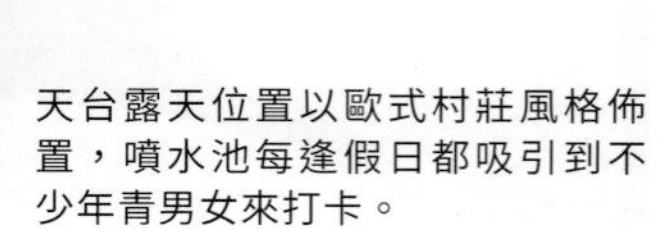

天台露天位置以歐式村莊風格佈置，噴水池每逢假日都吸引到不少年青男女來打卡。

Fried Chicken with Crispy Rice Paper（米紙炸雞 ฿220）
米紙結合原味炸雞配搭出雙重「脆」味，米紙超薄酥脆，炸雞保持肉汁，整體清爽不油膩。

Spaghetti Aglio Olio Bacon（黑橄欖煙肉意粉 ฿370）
煙肉意粉加入黑橄欖、車厘茄及大蒜，味道微辣開胃，煙肉片炸得金黃香脆，口感層次豐富。擺碟風格獨特有格調，長條形擺放精緻，在碟上留白，視覺上卻更為滿足。

Dosan Dalmatian 主打精緻的韓式西餐，如意粉、韓式炒飯，甚至西式熱香餅等，選擇豐富，而且擺盤令人食指大動。

整座咖啡店由地面至五樓天台。地面是開揚的咖啡吧，一踏進店內員工會熱情地向客人打招呼。中間樓層是用餐區，有圓枱方枱不同選擇，落地玻璃可以看到寬敞的 Siam 景觀。

因咖啡店內有多個打卡位，繁忙時間用餐限兩小時，要分配好時間享用食物及拍照。另外要提提大家，店內樓層以樓梯連貫，上落要小心。

Melting Cheese Sandwich（芝士三文治 ฿350）
多層的烘底三文治採用千島醬作主要調味，餡料是充滿肉汁的香煎雞扒，啖啖肉適合食肉獸。整份三文治搶眼之處除了滂沱的醬汁，就是鋪天蓋地的芝士碎，奶味濃郁又帶鹹味，與千島醬配搭得天衣無縫，十分邪惡！

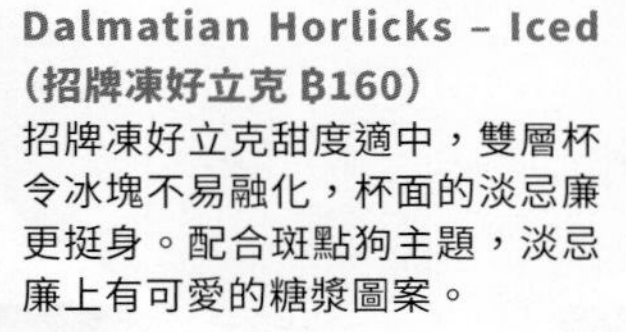

Dalmatian Horlicks – Iced（招牌凍好立克 ฿160）
招牌凍好立克甜度適中，雙層杯令冰塊不易融化，杯面的淡忌廉更挺身。配合斑點狗主題，淡忌廉上有可愛的糖漿圖案。

Mixed Fruit Cheesecake Bingsu（雜果芝士韓式刨冰 ฿270）
奶味濃郁的韓式刨冰配士多啤梨、奇異果、蜜柑等水果，色彩繽紛，令人充滿食慾。此外，刨冰頂部及底部都有四方芝士塊，綿密口感上多添一種香滑感覺。吃前千萬不要忘記淋上奶醬，會令牛奶味更突出。

2022 年 4 月 OPEN

Mamemi 媽咪蜜

泰國人真的很喜歡手持一杯飲料邊走邊喝，除了台式手搖飲料、泰式奶茶，還有一種傳統飲料經改頭換面，重新進入年輕人眼中。Mamemi 是泰國豆品專門店，各種產品包裝格調年輕，不同口味的豆漿及豆腐布甸更屬招牌產品。

為配合時下年輕人喜歡打卡的心態，除了傳統產品如豆漿及泰國油條，Mamemi 的商品種類及口味都很創新及多元，最特別莫過於薄荷朱古力味豆腐布甸。喜歡西式口味有牛角包、窩夫及 Panna Cotta 等，顏色非常適合打卡。

店舖裝潢與商標一樣，以深紅色作主調。裝飾十分精緻，不輸外國連鎖咖啡店品牌。Mamemi 在曼谷有多間門店，部分更在 BTS 站，非常方便。

地 G/F MBK Center, 444 Phaya Thai Rd, Khwaeng Wang Mai, Khet Pathum Wan, Bangkok 10330

時 09:30~20:30

交 BTS Silom Line **National Stadium 站** 4 號出口步行約 5 分鐘

套餐（一杯自選豆漿 + 一個自選餡麵包 ฿69）

Unsweetened（無糖凍豆漿單點 ฿45）
豆漿質感濃郁，黃豆味滿佈口腔。最欣賞 Mamemi 有無糖選擇及原杯冷藏，不會因冰塊溶化稀釋豆漿，可以喝到豆漿順滑的感覺。

Grilled Red Pork Bun（叉燒餡麵包單點 ฿55）
叉燒餡麵包加熱後香氣撲鼻，外脆內軟。外層麵包厚薄恰到好處，叉燒肥瘦適中，叉燒醬不會太甜，調味得宜。

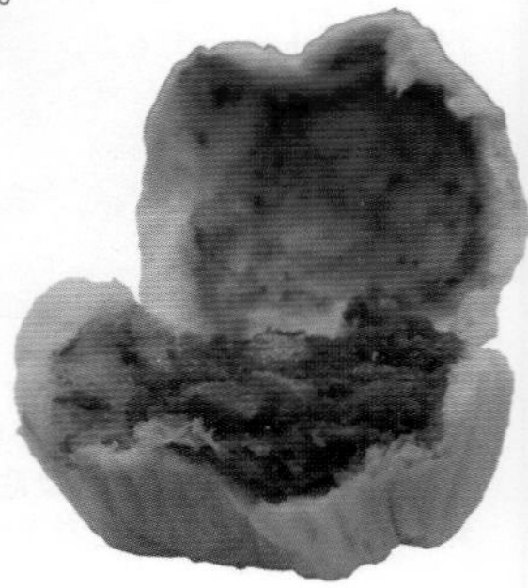

2023 年 5 月 SOFT OPEN

Pathumwananurak Park

有沒有想過，在 Central World、The Platinum Fashion Mall 等大型購物商場林立的市中心會有新闢公園？Pathumwananurak Park 由泰國曼谷 BMA 行政部門及公園基金會共同管理，佔地達 43 萬平方公尺，分成多個區域，如草地休閒區、池塘、辦公室及水淨化教育系統等。

公園早在 2018 年已大致完工，來過曼谷旅遊的朋友都可能會經過，但一直沒有開放，更鬧得滿城風雨。公園原址本是住宅地，但有兩至三戶鐵皮居民一直沒有遷走，甚至公園大抵完成時變成「釘子戶」。2023 年居民遷出後公園終於開放，不少泰國人都十分興奮，吸引泰國大小傳媒介紹這個傳奇公園。

地 Ratchadamri Rd, Khwaeng Pathum Wan, Khet Pathum Wan, Bangkok 10330
時 10:00~18:00
交 BTS Sukhumvit Line **Chit Lom 站** 6 號出口沿 Sky Walk 步行約 10 分鐘

Main Lawn（主草地）
公園有向泰國九世王普密蓬國王致敬之意，因此在公園正門主草地有一個用徑道鋪成的泰文數字「九」（๙）。

Water Retention Pond（蓄水池塘）及 Amphitheatre（圓形劇場）
養着不同的魚；旁邊的廣場平台特定週末會有樂器表演。此區域最特別是有一張張水泥風石椅，貼上曼谷五十縣的泰英對照名字。

Treatment Lagoon（水淨化系統池塘）
水淨化系統一共分為六個部分，如泵房、植物淨化池、氧化池等，遊人可以了解水是如何一步步淨化，甚有教育意義。

與正門主草地呼應，建築天花也有泰文數字「九」。未來將提供會議室及咖啡店等設施。

2023 年 12 月 OPEN

The Cheesecake Factory

外國大型品牌登陸泰國是泰國人的大事！美國品牌 The Cheesecake Factory 在泰國第一間分店選址曼谷其中一個受歡迎的商場 Central World，店舖位於地面，在商場其中一個入口，非常易找。

Reese's Peanut Butter Chocolate Cheesecake (Reese's 花生醬朱古力芝士蛋糕 ฿355)
花生醬和朱古力混合芝士簡直是邪惡的代表。各種食材的味道都濃郁，但以香港人口味來說可能會稍為偏甜。

地 Unit B131, 1/F Central World Bangkok, Khwaeng Pathum Wan, Khet Pathum Wan, Bangkok 10330

時 週一至五 11:00~22:00
週六日 10:00~22:00

交 BTS Sukhumvit Line **Chit Lom 站** 6 號出口步行約 5 分鐘

店內裝潢以美式風格為主，深色主調配淡黃燈光，營造有質感的用餐氛圍。

Truffle-Honey Chicken（松露蜜糖炸雞伴薯蓉 ฿730）
炸雞胸肉塗上蜜糖松露醬汁，保持炸皮鬆脆同時有足夠調味。伴碟有露筍及大量蘑菇薯蓉。

Firecracker Salmon（辣三文魚炮仗卷 ฿425）
賣相特別，炮仗卷外皮炸得金黃鬆脆，內裏三文魚仍然保持肉汁，不會乾身。伴碟紫椰菜絲爽口清新，以白芝麻及酸甜沙律汁調味，作為餐前小食十分開胃。

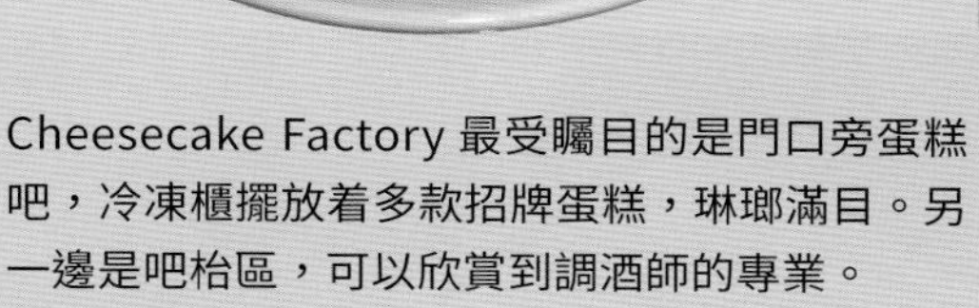

Cheesecake Factory 最受矚目的是門口旁蛋糕吧，冷凍櫃擺放着多款招牌蛋糕，琳瑯滿目。另一邊是吧枱區，可以欣賞到調酒師的專業。

Cheesecake Factory 的食物較大份，適合三五知己享用。其菜單詳細，寫下菜式主要材料，一目了然，有特別食材需求的朋友可跟店員要求。

Fish and Chips（炸魚薯條 ฿700）
店員極力推介的王牌菜式，分量足夠二至三人享用。魚塊炸得外脆內軟，薯條粗幼適中，蘸上他他醬令味道更為醒神。伴碟的椰菜沙律爽口清新，在吃炸物同時亦能中和油膩感。

The Everything Flatbread Pizza（乜都有意式烤餅 ฿595）
烤餅上有多種材料：意大利腸、肉粒及蘑菇等，口感豐富，每一口都充滿濃濃番茄醬。

Pasta with Chicken and Lemon Garlic Sauce（雞肉蒜香檸檬忌廉意大利麵 ฿595）
雖然是忌廉意粉但不會膩，因為檸檬汁及蒜蓉醬令味道融和，整體清爽。雞肉分量非常多，上桌時店員更即場刨芝士，享用前已有視覺享受。

Linda's Fudge Cake（琳達特濃朱古力蛋糕 ฿365）
蛋糕偏大件，質感實在但不會過硬。朱古力濃味適中，除了面層的厚朱古力醬，側面還有朱古力粒粒，增加多一種脆脆口感。

2023 年 10 月 OPEN

Shabu Baru Mini

隻身來曼谷自由行，會不會很難找到適合一人用膳的餐廳？日式涮涮鍋專門店 Shabu Baru 在 Central World 新開分店 Shabu Baru Mini，**主打一人前系列**。

為照顧不同顧客口味，Baru Mini 有牛、豬及魚三款套餐，除了涮涮鍋（Shabu-Shabu），還有鍋物（Nabe）。一人前套餐分量不小，但胃納較大的朋友可以另加肉、菜、丸等各種配料。

地 B706, 7/F Central World, Khwaeng Pathum Wan, Khet Pathum Wan, Bangkok 10330
時 10:00~22:00
交 BTS Sukhumvit Line **Chit Lom 站** 6 號出口步行約 5 分鐘

店鋪以木色為主色調，一共有三行長枱，設計盡顯日式細心。其中一張面對面的長枱中間裝設白色簾，避免用餐時與陌生人四目交投感尷尬。

Shabu-Shabu Beef Set D – Basic A4 "Mini" Cut（A4 迷你切和牛套餐 ฿490）

牛肉套餐共有四個級數，今次我選擇最便宜的一個。雖然不是店內最高級牛肉，但肉質和味道都物超所值，有很濃的牛肉及牛脂香味。涮涮鍋湯底是日式昆布湯，鮮味可帶出牛肉本身的味道而不會喧賓奪主。套餐含蔬菜盒及日式粉絲，可以吸收涮涮鍋湯內的牛肉精華。

Shabu-Shabu Pork Set – Kyushu Japanese Pork（九州產和豚套餐 ฿380）
雖然豬肉套餐未如牛肉套餐有多個選擇，只有一款肉可選，但性價比同樣很高。豬肉肉質一點都不韌，吃得出豬肉的原味。另外，蘸上日式芝麻醬和店家自製的 "Baru" Rayu（辣椒油），味道甚為出眾，拌日式粉絲吃亦十分滑溜。

Yuzu Honey Sorbet（柚子蜂蜜雪葩）
餐後免費甜品柚子蜂蜜雪葩，杯底有帶柚子肉的果漿，真材實料，畫上完美句號！

Refill Japanese Roasted Tea（日式焙茶一可添飲 ฿60）
焙茶甘香清淡，既可清除口腔味道，還可以解油膩。吃完豐富的火鍋後喝，真的非常清爽。

當日來到剛好坐在切肉枱前，可以邊用餐邊欣賞到店員切各式肉類，真的帶點日式匠人精神。

2023 年 1 月 OPEN

Mind n Matter Massage

泰國按摩真的有種魔力，身邊朋友每次來旅行至少按一次，每天都按的亦大有人在。Mind n Matter Massage 所在的 YOLO Forest Community，是坐落於 Chit Lom 一條環境清幽小巷內的小型社區中心，四周氛圍沉靜，確保顧客可得到平靜而高質的按摩服務。

Mind n Matter Massage 大廳位於最高的三樓，大量採用玻璃引入自然光，環境舒適。

地 14/3 Unit B301-B302, YOLO Forest Community, Soi Som Khit, Khwaeng Lumphini, Khet Pathum Wan, Bangkok 10330

時 12:00~00:00

交 BTS Sukhumvit Line **Chit Lom 站** 5 號出口經 Central Chidlom，或 **Phloen Chit 站** 5 號出口經 Central Embassy 步行 8 至 10 分鐘

按摩房分為泰式按摩及香薰按摩兩種，同以星空作天花板設計，安躺時寧神放鬆，達致心境平和，為身心準備好接受舒適按摩。

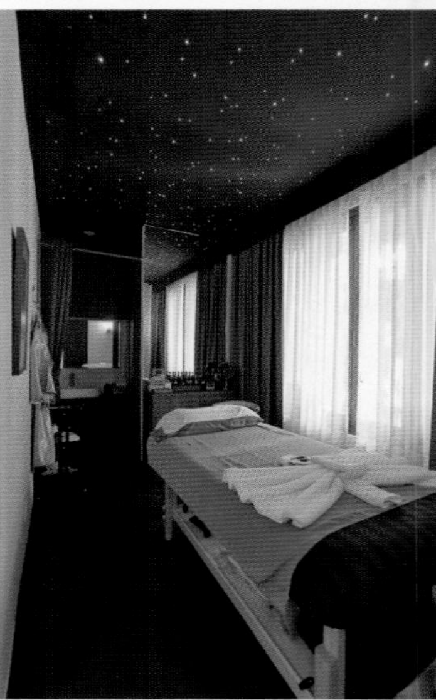

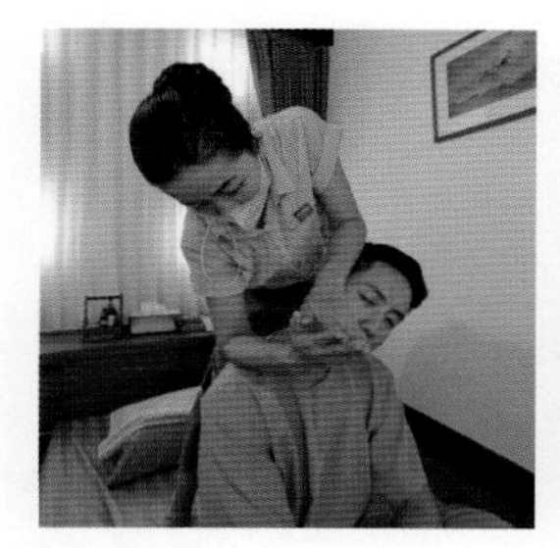

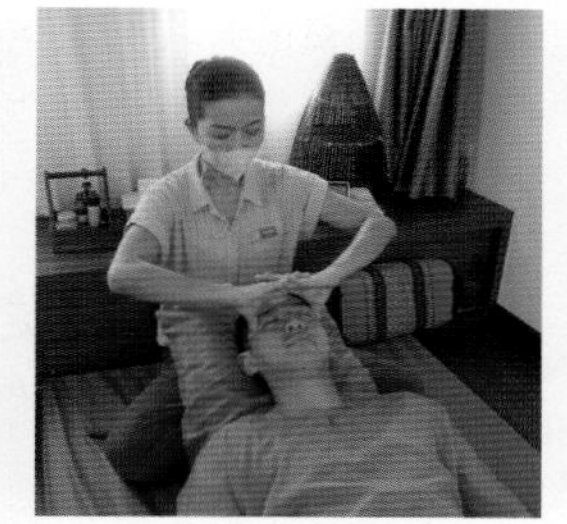

Office Syndrome Massage
(辦公室綜合症按摩)
90 分鐘 ฿1,900 / 120 分鐘 ฿2,590

Mind n Matter 的按摩種類齊全，香薰按摩和傳統泰式按摩各自細分不同選項，讓顧客各適其適。「辦公室綜合症按摩」針對平常在辦公室久坐不動，身體受壓之處的穴位，配搭自家製按摩膏去舒緩身體繃緊。最重要是按摩前，職員會先詢問個人喜好力度，以及希望加強按摩的身體部位，確保力度適中及疲勞得以解決。Mind n Matter 還提供面部水療服務，適合希望改善膚質的朋友。

Welcome Rice Set（歡迎茶點）

不得不佩服老闆娘的貼心，為體諒客人剛來到時體溫會偏高，所以送上一套冷凍甜品和毛巾，先降溫休息一下。甜品有花心思設計過，自家製米雪糕配上糙米茶和泰式草藥茶，完全感受到泰式熱情。

Forget Me Not Set（按摩後茶點）

首尾呼應很重要。按摩後回到大廳，店員會端上另一套暖的茶點，除了熱茶和熱毛巾，還有一碗自家製泰式糖水，每日新鮮選材，每次來到可能都有新驚喜。

特別餐點

老闆娘 Khun Chada 弄得一手好甜品，大時大節她都會推出特色點心。今次我有幸吃到一些較傳統的泰式甜品，在完成身體按摩後，再得到一場舌尖上的享受。

按摩用的精油和按摩膏在店內有售，喜歡的朋友不妨買回家，繼續沉醉在香氣滿滿的氛圍之中。

Mind n Matter 的王牌香精按摩油 MOU Legend 大有來頭！來自清邁著名的 Don Chan Temple，經過高僧祈福加持，每種顏色及味道都有不同功能，例如愛情、財運及健康等。

老闆娘 Khun Chada 是我欣賞的泰國女性創業家之一。

❶ Tap Yard ❷ Marché Thonglor ❸ Love Me Tender Restaurant ❹ Stay Studio ❺ Kim Jeong Grill ❻ En えん ❼ Oyster Mania

Ramkhamhaeng
Thuyen
ChumChum Grocery
Featherstone
6
Sukhumvit 71 Rd
AEON
W Market
ibis
Chalong Rat Expv

Watthana
宛他那縣

宛他那縣由孔提縣分離出來，是曼谷其中一個較多遊客的地方，亦是發展較完善的區域。知名大型購物商場如 Terminal 21、EmQuartier，還有日本人區 Thong Lo 及 Ekkamai 都在這個縣。

由於宛他那縣是泰國年輕人及居泰外國人的首選住居地，商業購物、潮流娛樂及酒店住宅等元素都集於一身，極為方便。如果來曼谷旅遊不知道要住哪一區，不妨搜尋一下宛他那縣吧！

EmQuartier 商場

交通方式

BTS --Sukhumvit Line--> 介乎 Phrom Phong 及 Phra Khanong 站

ARL --------> Ramkhamhaeng 站

2023 年 9 月 OPEN

Tap Yard

Tap Yard 是 YARD 49 社區中心內的其中一間餐廳，位於素坤逸 49 巷內，介乎 Thong Lo 及 Phrom Phong 之間。平時經過入口都不易察覺，因為外面是停車位，但只要見到 Kay's 咖啡店並進入 YARD 49 再右拐，就會看到這個恍如世外桃源的地方。

Tap Yard 賣點是露天空間，四周被綠色植物包圍。雖然餐廳範圍不大，但座位編排寬鬆。Tap Yard 歡迎攜帶寵物一起用餐，享受悠然氛圍。

地 99 Sukhumvit 49, Khwaeng Khlong Tan Nuea, Khet Watthana, Bangkok 10110

時 12:00~00:00

交 BTS Sukhumvit Line Thong Lo 站 1 號出口步行約 15 分鐘

Moo Krata Sets - Pork Set Small（泰式豬肉鍋 - 豬肉套餐，小 ฿390）

雖說是「小」，但分量已適合兩至三人享用。套餐包括不同部位的豬肉切片、豬肝、蔬菜、粉絲及雞蛋。吃泰式豬肉鍋的方法十分簡單，首先在鍋中間拱起部分塗抹脂肪，放豬肉片烘烤，蔬菜及菇放鍋邊灼熟。由於 Tap Yard 是露天，可以用明火炭爐，是非常地道及經典的泰式豬肉鍋組合。

餐廳前方有一個小舞台，不時有音樂表演，增添氣氛，特別適合一家大小。

Larb Tung Tong（炸豬肉餡春卷 ฿160）
一份四粒，很精緻地用青葱綑綁。雖然以乾辣椒作裝飾，但春卷味道不會辛辣，蘸酸梅醬可以中和油膩感。

餐廳主打**泰國傳統烤豬肉火鍋（Mookata）**，深受歡迎。如果想輕鬆一點，不想忙着烤肉，Tap Yard 有各種泰式食品可供選擇，亦不時推出特別菜單，每次到來都能保持新鮮感。喜歡雞尾酒的朋友不要錯過 Tap Yard 的特調，調酒師會在極具特色的吧枱即場調配，聽着調酒瓶清脆的搖晃聲，將露營渡假的悠閒感覺更為提升！

Cucumber Salad（青瓜沙律 ฿140）
一上桌即刻有似相識的感覺，就是手拍青瓜！青瓜以秘製酸醬調味，清爽醒胃，亦十分爽脆，細嚼還可以吃到白芝麻的香味。

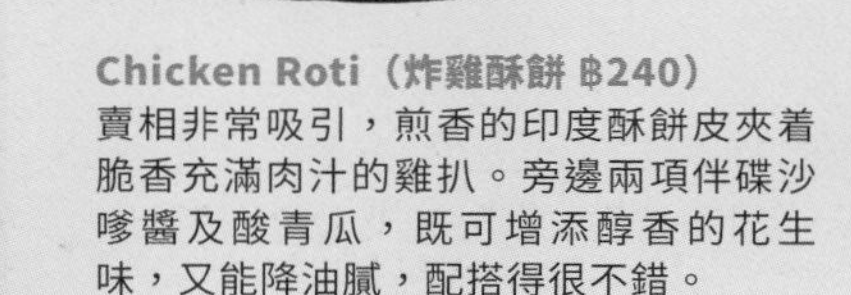

Chicken Roti（炸雞酥餅 ฿240）
賣相非常吸引，煎香的印度酥餅皮夾着脆香充滿肉汁的雞扒。旁邊兩項伴碟沙嗲醬及酸青瓜，既可增添醇香的花生味，又能降油膩，配搭得很不錯。

Chililamp（辣椒雞尾酒 ฿380）
泡沫上有紅辣椒、檸檬葉及辣椒醬拉花，香料味完全融入酒中。味道輕微帶點辛辣，但與青檸酸味十分和諧，挺有趣味。一邊吃泰式豬肉鍋，一邊喝微辣雞尾酒，十分過癮。

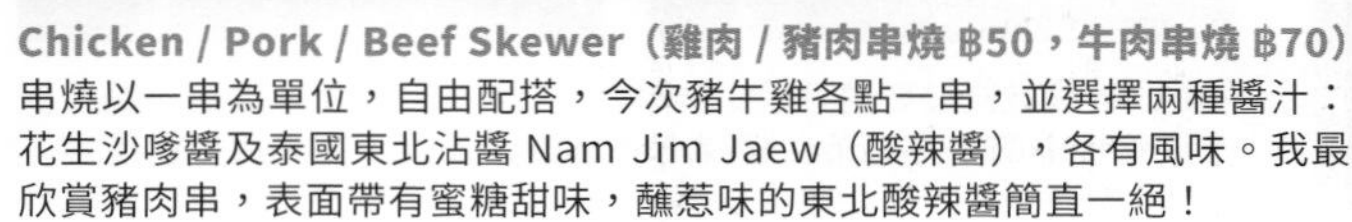

Chicken / Pork / Beef Skewer（雞肉 / 豬肉串燒 ฿50，牛肉串燒 ฿70）
串燒以一串為單位，自由配搭，今次豬牛雞各點一串，並選擇兩種醬汁：花生沙嗲醬及泰國東北沾醬 Nam Jim Jaew（酸辣醬），各有風味。我最欣賞豬肉串，表面帶有蜜糖甜味，蘸惹味的東北酸辣醬簡直一絕！

2023 年 3 月 OPEN

Marché Thonglor

Thong Lo 是一個很特別的社區，齊集商業大樓、購物中心及住宅等不同元素，不少居泰外國人或遊客會選為落腳點。Marché Thonglor 在 2023 年上旬開幕，定位為**社區商場**（Community Mall），所以進駐的商店比大型商場更全面及生活化，滿足到大眾的購物和用餐需要。

商場外形以白色為主調，清新乾淨，亦能配合自然光節省能源。

商場不少部分都加入自然元素，如各式食肆旁的流水裝置，聽着流水淙淙的聲音分外寫意。

地 150 Soi Sukhumvit 55, Khwaeng Khlong Tan Nuea, Khet Watthana, Bangkok 10110

時 10:00~00:00（視乎不同商家）

交 BTS Sukhumvit Line **Thong Lo 站** 3 號出口步行約 10 分鐘

Marché Thonglor 細分為 A、B、C 區域，齊集 T PLACE 辦公大樓、小型美食廣場、多國菜食肆、特色咖啡店、時尚服飾店、醫美診所等。當中最方便莫過於 **24 小時營業的 Tops Food Hall 超級市場**，是區內日本主婦和外國人購買食材的好地方，也方便遊客買手信。

Marché 設計概念取自「過山車軌道」，貫穿商場不同樓層，是不少人來到打卡的地方。黃色樓梯亦不乏遊人拍照，在一片白色環境下鮮明突出。

Linesen – ก๋วยเตี๋ยวเรือลายเส้น

ก๋วยเตี๋ยวเรือน้ำตก - เนื้อน่องลายตุ๋น ลูกชิ้น และ เนื้อแองกัส
(Boat Noodle Soup - Beef Stewed, Beef Balls and Angus Beef ，燉牛肉、牛丸及安格斯牛肉湯船麵 ฿240)
想起船麵，都會覺得是細細碗只有一箸麵。其實船麵都有大碗及用料豪華的版本，Linesen 的 Signature 船麵有安格斯牛肉片及燉得非常入味的牛筋腩，濃郁的牛味與湯底配搭得天衣無縫。喜歡清爽有嚼勁的朋友可以加入生芽菜和金不換葉。

เกี๊ยวหมูไข่เค็มนัว
(Deep Fried Pork Wonton with Peanut Chilli Paste Sauce，炸豬肉雲吞配花生辣醬 ฿120)
每碗船麵都有一塊炸雲吞皮，但豈會滿足到我呢？店員推薦炸豬肉雲吞，賣相十分吸引，每隻雲吞都脹鼓鼓，蘸花生辣醬很惹味，屬於輕微的辣度。溫馨提示吃的時候要小心，炸完的豬肉餡會噴汁！

ลูกชิ้นหมูปิ้ง
(Grill Pork Balls with Special Sauce，燒豬肉丸配秘製醬汁 ฿90)
泰國豬肉丸十分有名，肉感重，不會加入太多麵粉。表面燒得微焦再蘸上秘製醬汁很彈牙香口，值得一試。

Fresh Me

อัญชัน กระเจี๊ยบ
(Butterfly Pea and Roselle Juice，蝶豆花洛神花茶 ฿60)
吃了這麼多炸雲吞當然要下一下火，蝶豆花洛神花茶剛好令熱氣盡消。雖然是預先煲好，不能要求甜度，但不會甜到膩。

ดาร์กโกโก้
(Dark Cocoa，黑朱古力 ฿85)
雖然價錢比其他飲料高，但不得不說其真材實料，物超所值。牛奶上是濃稠的黑朱古力醬，喝前需要先拌勻。最欣賞是可以挑選 25% 的甜度，能喝到真正可可的苦澀味。

2023年10月 RELOCATE

Love Me Tender Restaurant

地 267/2 Soi Sukhumvit 31, Khwaeng Khlong Tan Nuea, Khet Watthana, Bangkok 10110

時 11:00~14:30
17:00~22:00

休 週二

交 BTS Sukhumvit Line Phrom Phong 站 5 號出口步行約 18 分鐘

Bonjour！在素坤逸 31 巷內有一座普羅旺斯風格小屋，不要以為是某位泰國名人的豪宅，實情是 Love Me Tender 法國餐廳新址。餐廳面向馬路的大門有一條小河，入口前有一座仿古噴水池，潺潺流水聲增添輕鬆的歐式風情。

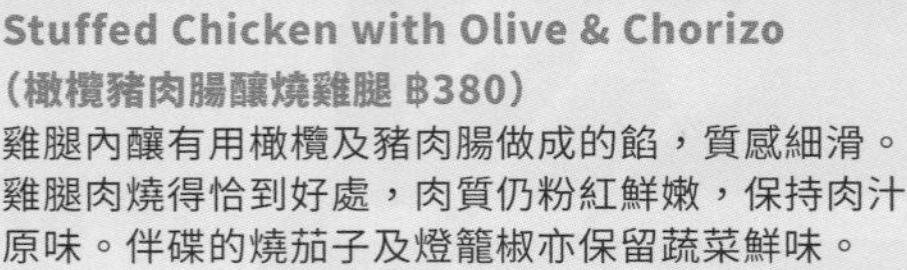

Stuffed Chicken with Olive & Chorizo
（橄欖豬肉腸釀燒雞腿 ฿380）
雞腿內釀有用橄欖及豬肉腸做成的餡，質感細滑。雞腿肉燒得恰到好處，肉質仍粉紅鮮嫩，保持肉汁原味。伴碟的燒茄子及燈籠椒亦保留蔬菜鮮味。

Mini Blinis Smoked Salmon Tapas（煙三文魚塔帕斯 ฿320）
材料有煙三文魚、青瓜及莎莎醬。整體略帶甜味，各種食材的味道都十分融合，仔細咀嚼可吃到刁草的香味。

Bouchot Mussels with White Wine Sauce Pasta（白酒青口意粉 ฿380）
上桌時讓我大吃一驚！青口分量多到差點遮蓋意粉。採用較小的連殼青口，肉質較嫩並帶膏，味道鮮美。意粉以白酒忌廉汁調味，香滑濃郁，但毫不肥膩。最值一提是意粉由餐廳每天自家新鮮製造，並只使用蛋黃揉麵，每條意粉都充滿蛋香。

Love Me Tender 兩層高，下層是廚房、用餐及零售區，上層是私人宴會包廂。裝潢以普羅旺斯小屋為藍本，所以室內牆身掛有不同大小的圓形瓷碟，以及甚有藝術氣息的掛畫，重塑經典法式風情。餐桌餐椅、門窗框及天花都採用木材，充分還原鄉村味道。

Tiger Prawn & Crab Meat with Lobster Sauce Pasta（龍蝦醬虎蝦蟹肉意粉 ฿450）
意粉可選擇寬意粉（Tagliatelle）、意粉（Spaghetti）及墨汁意粉（Squid-Ink Spaghetti）。今次這道菜我選擇墨汁意粉，顏色較特別，味道亦略帶鮮味。除了蟹肉及原隻虎蝦，還有飛魚籽和雙色小番茄，令顏色更出眾，更吸引食慾。

Crêpes Suzette（橙酒可麗餅 ฿350）
法籍大廚 Maxim 特別炮製的可麗餅由鐵板熱騰騰端上，上桌時職員會點燃可麗餅上的酒，非常有視覺效果。可麗餅煎得軟綿綿，配雲呢拿籽雪糕享用，配搭完美。

Parma Ham & Comte Croquettes（巴馬火腿可樂餅 ฿280）
可樂餅呈橢圓形，擺盤裝飾可見大廚花過心思。可樂餅炸得金黃脆口，表面有沙律醬及葱花，內裏薯蓉幼滑，配搭巴馬火腿口感外脆內軟。

Crème Brûlée（法式焦糖燉蛋 ฿250）
大小足夠三至四人分享。表面的焦糖燒得香脆，燉蛋軟滑，每一口都散發奶香和雲呢拿香，肉眼還可以看到新鮮的雲呢拿籽。

Whisky Sour（雞尾酒 ฿290）
賣相不俗，威士忌與青檸汁、熱情果味道配搭平衡，蛋白泡沫亦十分綿密。

法籍大廚 Chef Maxim 及老闆娘 Natha。

2023 年 3 月 OPEN

Stay Studio

地 36 Soi Phrom Mit, Khwaeng Khlong Tan Nuea, Khet Watthana, Bangkok 10110
時 10:00~18:00
休 週一至二
網 www.staylifestyle.com
交 BTS Sukhumvit Line **Phrom Phong 站** 3 號出口步行約 15 分鐘

追加資料

Selfie Shooting（自拍）
套餐包一至二人拍照，連兩張實體照 ฿799，每加一人（包一實體照）+ ฿100，上限七人。

Concept Selfie（特色自拍）
一至二人連兩張實體照 ฿999 起。

Photography Services（攝影師服務）
一人連兩張實體照 ฿1,500 起。

Pet Services（寵物攝影）฿3,500 起。

不少泰國人喜歡去影樓拍照，留下值得紀念的一刻，韓式影樓正是他們的首選。因為攝影風格較傳統影樓簡約，服務多元，緊貼潮流，適合年輕人。

Stay Studio 在曼谷有兩間店，今次我選擇 2023 年開張，位於素坤逸 39 小巷內的分店。影樓分兩區：攝影師拍照區及自助拍照區，前者由經驗豐富的攝影師操刀，後者則是自助拍照。

攝影師拍照區。

與朋友一同參與，可以輪流替對方拍出滿意照片。一個人的話，需要自己拿快門線，挺考驗如何擺 Pose！

Stay Studio 難得有自拍服務，當然要試玩。基本自拍套餐共有 20 分鐘拍攝時間，正式開始前職員會指導如何操作，講解拍攝注意事項。拍攝沒限照片張數，可以擺任何姿勢或借用小道具，如需調較相機角度可要求店員協助。

成品照
拍照背景顏色會不時轉換，這次來到剛好是 2024 年年度代表色 Peach Fuzz（柔和桃色）。

自拍套餐打印出來的照片會加 Stay Studio 邊框。照片可自行選擇，並提供即場打印服務，拍完後立即拿在手中真的很興奮！

自家紀念品
影樓內有不少紀念品可以買回家留念，從曲奇餅到保溫水壺都有，價錢合理。

下載無邊框照
所有照片店員都會上載到 Dropbox，讓客人下載。

梳妝鏡
影樓提供梳妝台及背光鏡，可在拍照前先整理儀容，記得提早來準備啊！

Kim Jeong Grill

北韓最高領導人金正恩無人不認識吧！想不到在曼谷竟然有韓國餐廳以他作主題。

坐落在素坤逸 61 小巷內的 Kim Jeong Grill，選址一座兩層高的建築，軍綠色外牆風格摩登，從外面亦可看到標誌性的北韓式插畫。室內四周加入霓虹燈裝飾和金正恩畫像，貫徹主題。菜單都別出心裁，揉合火箭發射等北韓及金正恩元素，深深感受到金正恩的氣場！

往 Kim Jeong Grill 的小巷較窄，一般汽車較難駛進，所以餐廳提供接駁車，到達巷口就可以致電店員安排接送。接駁車非常有特色，裝飾帶有綠色保護色。不介意步行的朋友，走路都可到達。

地 21 Sukhumvit Soi 61, Khwaeng Khlong Tan Nuea, Khet Watthana, Bangkok 10110

時 週一至五 17:00~00:00
週六 12:00~00:00
週日 12:00~23:00

交 BTS Sukhumvit Line **Ekkamai** 站 1 號出口步行約 10 分鐘

เนื้อบุลโกกิ
(Wagyu Bulgogi ，韓式烤薄牛肉片 ฿380)
一般韓燒的肉類賣相都平平，但這道菜的造型看得出心思。薄牛肉片除了捲成一卷卷及淋上醬汁，還配蘋果條襯托。牛肉味道濃郁，薄切片燒烤後不會變韌。

สะโพกไก่ หมักซอส (Marinated Chicken Thigh，醬醃雞腿肉 ฿320)
不得不說這個雞腿肉真的很滑，燒烤後仍能保持肉汁，每件雞肉熟了都脹鼓鼓，而且韓式醬十分入味，上面的芝麻經燒烤後散發出濃郁的芝麻油香，不蘸其他醬料都很夠味。

Kim Jeong Grill 除了炭爐明火韓燒，還有韓式小食、石鍋飯、拉麵及飯卷等，就算不吃燒烤也能與好友舉杯暢飲。惟餐廳位於傳統住宅區，所以店方溫馨提醒晚上 10 點後要盡量保持安靜，免得打擾民居。

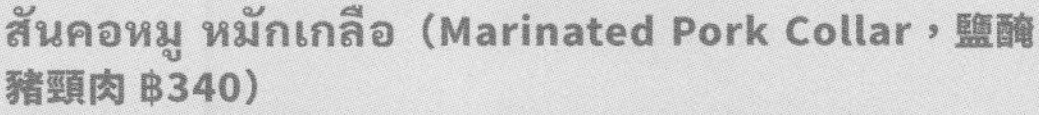

สันคอหมู หมักเกลือ (Marinated Pork Collar，鹽醃豬頸肉 ฿340)
相比起醬醃雞腿肉和烤薄牛肉片，鹽醃豬頸肉賣相一般，沒有吸引的醬汁包裹，但味道毫不遜色。鹽味已滲透到每片豬頸肉內，吃起來油而不膩，香氣瞬間充滿口腔。

คิมบับสแปมและไข่ (Spam & Egg Kimbap，午餐肉雞蛋紫菜飯卷 ฿360)
真的令我很驚喜，本來以為午餐肉和雞蛋是被包到飯卷內，但想不到雞蛋是燶邊太陽蛋，賣相吸引！吃時可將半熟蛋黃戳破，讓飯卷中的珍珠米吸收蛋汁，味道豐富，一口一件非常滿足。

ไก่ทอดมิสเตอร์คิม ซอสนิวเคลียร์รสเผ็ด (Kim's Fried Chicken with Nuclear Hot Sauce，招牌金先生炸雞配核能級辣醬 ฿220)
說到韓國菜，炸雞一定榜上有名，加上 Kim Jeong Grill 的炸雞冠上「金先生」一名和配有核能級辣醬，吸引到我要點它！炸雞賣相是典型韓式，連紙上都有「金先生」樣子。炸雞本身沒有辣味，但蘸辣醬真的不得了，辣度層層遞進，難怪稱為核能級！

En
えん

Thong Lo 及 Ekkamai 是日本人聚居區，日式居酒屋及餐廳林立，非常熱鬧。原來與 Ekkamai 一站之隔的 Phra Khanong 都有一間較為隱世的居酒屋 En，有麝自然香，招徠不少日本人捧場。

地 259/54 Soi Pridi Banomyong 15, Khwaeng Phra Khanong Nuea, Khet Watthana, Bangkok 10110

時 17:00~22:30

休 週二

交 BTS Sukhumvit Line **Phra Khanong 站** 3 號出口步行約 20 分鐘

ปลาฮามาจิผสมขิงดองห่อสาหร่าย
(カンパチのガリ巻き，鰤魚卷 ฿380)
貌似壽司卷物，吃前沒特別為意，但放入口中就感受到與平常卷物有別——完全沒有飯。紫菜包裹着白色的是鰤魚肉，質感爽口，配搭醃薑片及青瓜，沒有腥味，味鮮很滿足。

หอยเชลล์ย่างเนยวาซาบิ
(ホタテ貝柱海苔巻きわさび，日式芥末帆立貝紫菜卷 ฿270)
紫菜上的原隻帆立貝經火炙，表面輕微燒熟有嚼勁，配日式芥末醬令味道更融合及突出。雖然有點嗆鼻，但口感一流。

หอยหวานต้มโชยุ
(バイ貝うま煮，醬油煮海螺 ฿110)
老闆娘說這道醬油煮海螺一點都不簡單，醬油混合了日本豉油、白醋和清酒，令本已鮮甜的海螺味道更為提升，螺肉爽口之餘味道充滿層次。上枱時貼心附上牙籤，吃得很方便。

ชิกูว่าชุบสาหร่ายทอด
(ちくわ磯部揚げ，炸紫菜竹輪卷 ฿170)
很脆口！竹輪卷裹上非常薄的炸漿，很輕盈，不會有厚粉的外皮。紫菜碎十分香口，蘸上蛋黃醬感覺不會很「邪惡」，反而帶點清新。

En 即日文「えん」，據老闆娘介紹，えん可以配搭不同詞語，如「人緣」、「宴會」等，所以她巧妙地只用「えん」一個字，留下思考空間讓客人猜想更多不同意思。

En 面積不算大，除了可以容納約九人的開放式吧枱，就只有兩張餐桌及小包廂，走家庭式平民居酒屋路線。En 在細節部分保持到日式貼心，如在窗框附掛勾，可掛手袋或大衣。因為老闆娘是日本人，菜單以日文為主，輔以泰文翻譯，幸而菜單有圖片，遊客點餐也沒難度。

ปลาลายเสือ ย่าง
(ホッケー匹開き焼き，原條烤鯖魚 ฿340)
一整條鯖魚開邊原條烤，吃前要先起魚骨，但很易處理。魚的味道很濃很鮮，經鹽烤後帶點鹹，毫無魚腥味。建議起骨後可擠加檸檬汁，微酸可平衡魚的油脂味，消除膩滯感。

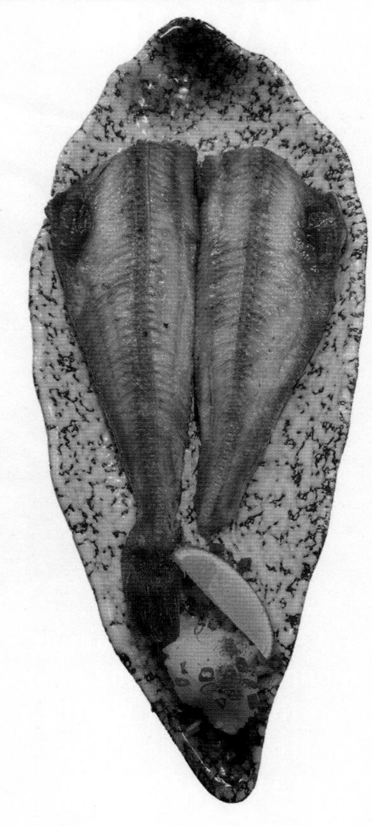

ซุปเนื้อเต้าหู้หม้อไฟ
(肉吸い豆腐入り，牛肉豆腐火鍋湯 ฿260)
火鍋湯材料毫不吝嗇，適合二至三人分享，豆腐有很多塊而且保持嫩滑沒有散開，牛肉味道與湯非常匹配。

ปลากระเบนย่าง
(エイヒレ炙り，燒魔鬼魚乾 ฿120)
我最喜歡的日本下酒菜，魔鬼魚乾燒得超級香口，帶海洋鹹鮮味，蘸上蛋黃醬令魚乾鮮味更突出，咀嚼時口腔充滿香氣。

โมจิมัทฉะ **(抹茶もち，抹茶麻糬 ฿130)**
每樣材料都圓滾滾十分可愛！食法非常自由，可以用紅豆蓉配麻糬，或紅豆蓉配抹茶雪糕。我最推薦三種食材一齊放入口中，抹茶甘香、紅豆「起沙」及麻糬煙韌，為味覺帶來不同層次的享受。

Oyster Mania 蠔吧餐廳隱於素坤逸 31 巷之中，由日裔老闆 Masaki 先生主理。店內的生蠔每天由日本空運抵泰以保持新鮮，喜歡吃生蠔的朋友千萬不要錯過。

岩手縣生蠔是我的至愛，蠔味濃郁，鮮味會在口中大爆發。Oyster Mania 的蠔都十分大隻，物有所值。

地 3/17-18 Soi Sukhumvit 3, Klongtoey, Khwaeng Khlong Tan Nuea, Khet Watthana, Bangkok 10110

時 11:00~14:00、17:00~22:00

休 週二

交 BTS Sukhumvit Line **Phrom Phong 站** 5 號出口步行約 8 分鐘

Oysters Spring Rolls
（鮮蠔春卷 ฿299）
平平無奇的炸春卷內竟是鮮甜蠔肉。

Oyster & Parmigiano Reggiano "Risotto"
(鮮蠔巴馬臣芝士燴飯 ฿449)
老闆會即席表演，以原磚巴馬臣芝士在客人面前炮製，利用伏特加酒造成火焰效果，在享用之前已大飽眼福。意大利飯吸收芝士後放到鑄鐵碗內，再淋上煮好的芝士鮮蠔。燴飯口感綿密，配蠔肉一絕。

Oyster Mania 生蠔來自多個日本產地，包括岩手縣、千葉縣及北海道等。此外，亦引入法國生蠔，讓客人有更多選擇。每天下午五至七點為生蠔歡樂時光，其他時段則以 Omakase Platter 形式供應，由老闆向客人推薦。

• Happy Oyster Hour
歡樂時光（17:00~19:00）฿99 一隻

• Omakase Platter
六隻（兩種，每種三隻 ฿799）
六隻（三種，每種兩隻 ฿799）
十二隻（四種，每種三隻 ฿1649）
十二隻（六種，每種兩隻 ฿1699）

餐廳分兩層，甫進店內會首先經過開放式廚房及蠔吧，如果希望欣賞廚師專業手藝的朋友可選下層。

Omurice with Beef Tongue Stew & Fried Oyster（炸蠔牛舌日式咖喱蛋包飯 ฿399）
咖喱蛋包飯伴外脆內軟的鮮甜炸蠔及煮得軟嫩的牛脷粒。飯分量不少，適合兩個人分享。（午餐限定，每天只供應 10 客。）

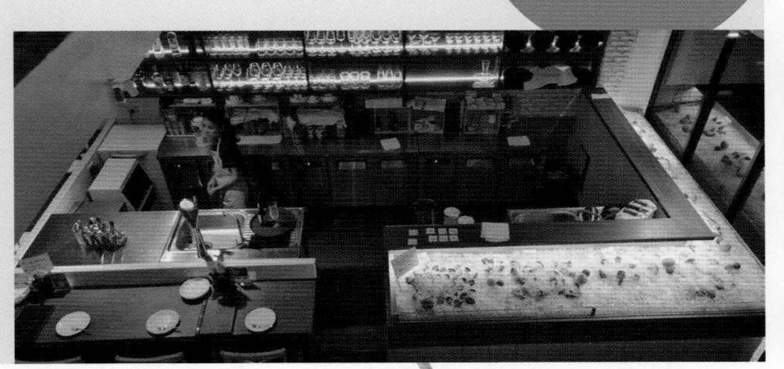

Beef Fillet & Oysters Steak
(鮮蠔菲力牛柳 ฿999)
以鐵板形式上桌，牛柳上面放有兩隻肥美的蠔肉。牛柳汁看起來平平無奇，但蘊藏蠔肉塊，令味道昇華。

老闆 Masaki San 十分熱情，親自下廚和介紹食法時風趣幽默，就像看了場小型表演。

Oyster & Japanese Basil Oil Pasta "Federini"
(日式鮮蠔羅勒油意粉 ฿449)
採用日本羅勒油炒製的鮮蠔意粉，蠔肉肥厚，意粉彈牙。材料及調味配合融和，羅勒油味道在口中久留不散，雖是油分但不失清爽。

MAP

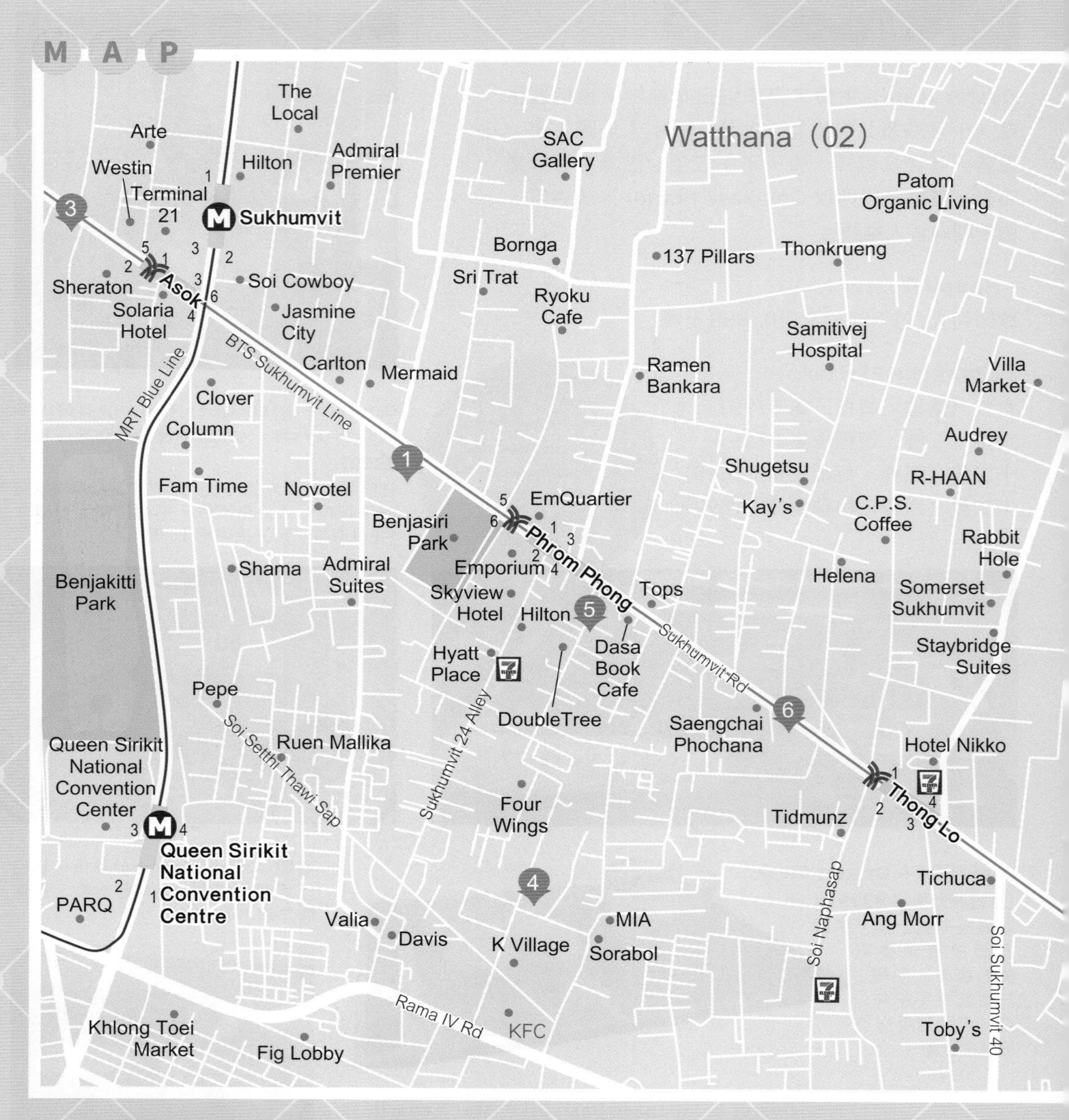

❶ EMSPHERE ❷ WOW Park ❸ Kaborae 家寶來 ❹ No Name Noodle
❺ Rung Rueang（Tung）榮泰（重）❻ The Chopsticks ❼ Phed Mark

Thong Lo Rd
泰和軒
Park 19
鄭良明
豬雜粿什
Commons
J Avenue
郭炎松
Ekkamai Rd
Donki Mall
Here Hai
Big C
Supercenter
Wat That
Thong
Ekkamai

Khlong Toei
孔提縣

孔提縣位於昭拍耶河沿岸，對岸是有「曼谷綠肺」美譽的 Bang Krachao。最繁忙及為人熟悉的，是素坤逸路的雙數巷，不乏大型購物商場及連鎖酒店。以泰王拉瑪九世妻子詩麗吉王后命名的國際級會議中心 Queen Sirikit National Convention Center 亦坐落該縣。

QSNCC 及班嘉奇蒂公園

交通方式

BTS --Sukhumvit Line--> 介乎 Asok 及 Ekkamai 站

MRT --Blue Line--> Sukhumvit 及 Queen Sirikit National Convention Centre 站

2023 年 12 月 OPEN

EMSPHERE

2023 年大眾最引頸以盼的曼谷新商場，一定是年尾壓軸開幕的 Emsphere。它是 Em District 的最新成員，開幕初期人流多得幾乎癱瘓 Phrom Phong 區交通，由此可見 Emsphere 有多矚目。

地 628 Sukhumvit Road, Khwaeng Khlong Tan, Khet Khlong Toei, Bangkok 10110

時 10:00~22:00

交 BTS Sukhumvit Line **Phrom Phong 站** 6 號出口連接 Emsphere 商場

EM MARKET（G 及 GM 樓）
G 及 GM 是食肆集中地，有精緻及色彩繽紛的雕塑裝飾。下層（G）主要是美食廣場形式的餐廳，裏面座位有限，但外圍則有不少開放式餐桌；上層（GM）以堂食餐廳為主，日韓料理、越南菜，甚至是各大連鎖餐廳俱備。

Emsphere 走工業風，內外設計都較其他兩個同系商場年輕，吸引更多不同年齡的消費者捧場。個別樓層的主題亦風格迥異，商店包羅衣食住行四大基本種類。商場計劃延長營業時間至深夜，加上 5 樓有 Sky Beach Club 酒吧，未來亦會有更多酒吧餐廳進駐，是 Phrom Phong 區居民及年輕一族必到的新蒲點。

EM GALLERY（M 樓）
以零售店為主，不乏潮流衣服、時尚眼鏡及香薰護理用品等品牌。最特別是 Event Space，有小型藝術品展覽，與潮流時尚產品相映成趣。

EM LIFESTYLE（1 樓）
1 樓延續 M 樓零售店，但產品偏向大眾化，運動服飾品牌及化妝品店都可找到。

EM INNOVATION（2 樓）

2 樓以創新（Innovation）為主題，順理成章風格都較其他樓層型格。當中有不少汽車陳列室進駐，寶馬、蓮花及林寶堅尼都佔一席位。適合遊客購物的，同層有其他個人用品店，店舖創新風格與其他商場不同，值得一逛。

宜家家居 IKEA（3 樓）

要說 Emsphere 的人氣店，非 3 樓的宜家家居 Ikea Sukhumvit 莫屬！它是曼谷市中心第一間宜家家居，選址 Phrom Phong 區，真正惠及居住在市中心的市民，亦方便想體驗各國 IKEA 之間差異的遊客。

為隆重其事，宜家推出特別版布袋等周邊商品，印着「Ikea Sukhumvit」真的只此一家，不少客人都買作留念。

由於 Emsphere 行工業風路線，所以外牆使用了鋼架及大量落地玻璃設計，能望到區內的商業大廈及酒店風景，當中以 Benjasiri Park 及 Emporium Tower 的一面座向最開揚。

UOB LIVE（6 樓）

位於 6 樓的 UOB LIVE 是泰國大華銀行冠名的世界級表演廳，提供多達 6000 個座位，著名英國創作歌手 Ed Sheeran 是 UOB LIVE 在 2024 年 2 月 Grand Opening 的表演嘉賓。

2023 年 6 月 OPEN

WOW Park

近年不少一家大小去泰國旅遊，會帶小朋友去遊樂場。位於 Gateway Ekamai 5 樓的 WOW Park 與一般室內兒童遊樂場有別，沒有色彩繽紛的波波池及長滑梯，反而引入不少科學裝置，旨在讓小朋友玩耍時，**能學習到科學知識**。最重要是成人都能一同參與，增進親子關係。

地 982, 22 Sukhumvit Road, Khwaeng Phra Khanong, Khet Khlong Toei, Bangkok 10110

時 10:00~22:00

交 BTS Sukhumvit Line **Ekkamai 站** 4 號出口連接 Gateway Ekamai 商場

科學體驗館入場費

平日：小童 ฿500 / 成人 ฿400、週末及假期：小童 ฿600 / 成人 ฿500，三歲以下免費入場

WOW Park 門票分體驗館入場及科學表演。相比之下，我覺得前者的參與度較高，較有趣味。小朋友能親身參與，學到的知識會更印象深刻。體驗時間約 90 分鐘，當中不少場景都很漂亮，其中在鏡房內拍照感覺夢幻。另外，無論哪種門票都會有職員導賞，講解可選英語。

嗅覺考驗

熱身的第一關，桌上的圓形密實罐蘊藏着不同味道，玩家需要辨識出來。導賞職員會隨機抽取 5 個，完成即可過關。我最深刻是咖啡及乳霜味，因為跟日常接觸的差不多，有似曾相識之感。

真空傳輸衣服

職員解說在醫院裏會有類似裝置去收集穿過的衣服，盡量不經人手減低感染風險。原理簡單，利用真空技術將衣服由管道送到洗衣房，非常方便。

音量分貝比較

不少人都知道音量以分貝為單位，但數字大小則比較抽象，所以體驗館以各種事物去比喻，如打鼓、發炮、行雷，甚至發射火箭。在隔音房向咪高峰大叫，就可以測試出你能叫得多大聲。

睡釘床

看起來很驚嚇，躺下去時全靠背部力量平均分散，沒有被尖釘針得千瘡百孔。感覺真是一試難忘。

模擬乾衣機速度

乾衣機是 WOW Park 最受歡迎的一個項目，因為外形出眾，而且跟日常生活息息相關。在裏面跑步可以測試轉速，右上角屏幕會顯示速度，我跑到超過 40，是 WOW 數一數二高的成績！

反應接棒 + 反應燈

自問反應快的朋友不要錯過這兩個項目。「反應棒」需要在毫無預兆下，抓緊跌下來的棒；「反應燈」須盡快拍中亮起的燈，出奇不意的次序會嚇參加者一跳。

視覺大掉位 + 鏡像反射 + 鏡房拍照 + 模擬烏蠅複眼 + 哈哈鏡

一系列以鏡作主題的環節，可以了解烏蠅複眼的視覺感覺等。當中令我印象最深刻的是視覺大掉位的眼鏡，因為戴上特製眼鏡後視覺上下左右都會掉轉，舉手投足都很緊張，會害怕失足。

電視機原理

單單看全白屏幕不會知道有甚麼好看，直至戴上眼鏡才恍然大悟。職員解釋電視有一層影響成像的物料，沒有就看不到畫面。體驗館將這層物料抽起放到眼鏡上，深入淺出去解釋這個原理。

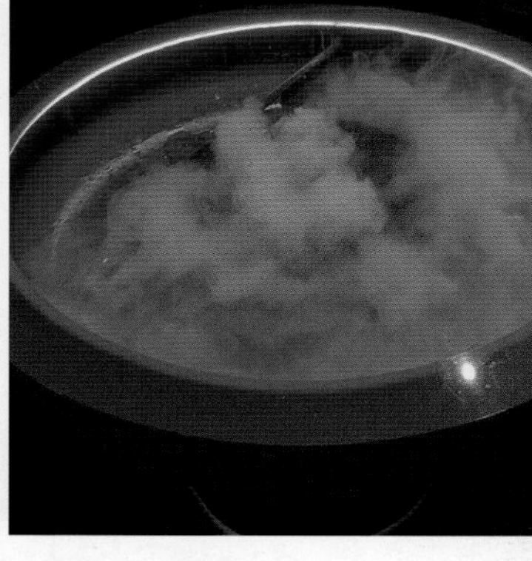

模擬造雲 + 模擬降落傘風速 + 模擬龍捲風

以風作主題，可以看到雲和龍捲風形成的原理，親身感受風的威力，降落傘風速會吹到面容扭曲。

骨傳導聽覺

職員介紹說就算是失聰的人，都可以憑咬着這根棒去聽到聲音。因為它採用骨傳導科技去將聲音帶到不同感觀，即使我戴上隔音耳罩都能聽到棒中發出的聲音。

絲帶密室

不同區域之間會有一小段過場，其中絲帶密室伸手不見五指，只能摸着一根又一根的絲帶找路，小小的空間我都找了很久才找到下一區入口。

Kaborae 家寶來

泰國人對燒肉真的情有獨鍾，除了泰式豬肉鍋（Mookata），韓式燒烤都是泰國人的心頭好。位於 Asok 區韓國城內的 Kaborae（家寶來）主打正宗韓燒，餐廳於 1997 開業，多年來甚有口碑。2021 年全店翻新，室內設計更有韓式風格。座位以廂座為主，適合一家大小或朋友聚會。

- 地 212/14 Sukhumvit Plaza, Suk Chai Alley（Sukhumvit Soi 12）, Khwaeng Khlong Toei, Khet Khlong Toei, Bangkok 10110
- 時 10:00~22:00
- 交 BTS Sukhumvit Line **Asok 站** 2 號出口步行約 3 分鐘

떡라면（ต๊อกราเมียน，Ramyeon Korean Spicy Noodle with Rice Cake，韓式辣麵配年糕 ฿200）

看似平平無奇的韓式石鍋辣麵，裏面居然有韓式年糕。軟度剛好的麵條和煙韌的年糕質感有對比，做到雙重口感，而且兩者都能吸收辣湯精華。吃前可拌勻蛋黃與辣湯，稍微中和辣度，令湯底更易入口。

Kaborae 忠於韓國傳統，伴菜豐富得能圍着整個烤爐，既有常見的泡菜、涼拌豆芽菜，還有煎餅、醃蘿蔔及納豆等，應有盡有。

我最欣賞 Kaborae 用炭火爐，炭火令食物帶有輕輕炭烤焦香，是一般氣體爐或電子爐無法做到。由於炭火爐不如般電子爐能調較火力，如有需要亦可請店員協助，確保能烤得恰到好處。

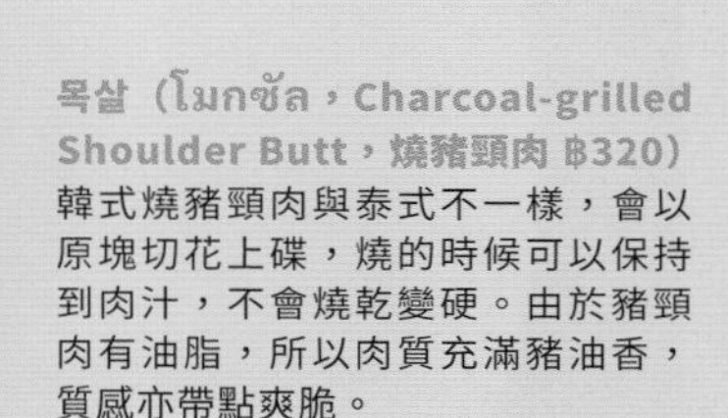

목살（โมกซัล，Charcoal-grilled Shoulder Butt，燒豬頸肉 ฿320）

韓式燒豬頸肉與泰式不一樣，會以原塊切花上碟，燒的時候可以保持到肉汁，不會燒乾變硬。由於豬頸肉有油脂，所以肉質充滿豬油香，質感亦帶點爽脆。

곱창（กบซางกูอี ไส้วัวย่าง，Grilled Beef Tripe，燒牛腸 ฿350）

鐵板燒熟食，牛腸味道濃郁，質感不會韌，配料有大蒜和青辣椒，一口牛腸一口配菜，味道和質感都配搭得宜。

갈비살（คัลบีซัล，Charcoal-grilled thin-sliced beef unseasoned，燒牛肋骨 ฿580）

未經醃製的牛肋骨每件都細細塊，容易燒熟。牛的油脂很香，蘸下店家秘製韓式醬汁有更佳風味。

닭불고기（ไก่หมักย่างสไตล์เกาหลี，Sauced-roast Chicken，韓式醬燒雞肉 ฿280）

有兩種雞肉可選：一般醃製及韓式醬醃製，我選擇後者。裹上韓式醬的雞肉不易黏在鐵板上，雞肉味道較濃，不用蘸額外醬料調味。因為採用雞腿肉，燒完肉質仍嫩滑彈牙。

2022 年 3 月 OPEN

No Name Noodle

日式料理在曼谷盛行，各大商場不難看到來自日本的連鎖食店，但要吃到忠於原味，絕對不可錯過 No Name Noodle。由日本人 Chef Shin 開設，以食物味道為重，名字對他而言並非最重要，因而啟發出“No Name”這個特別的店名。

Shio Tokusei Menma (Toppings: Gomoku Wonton 2pcs)
(叉燒帆立貝清湯拉麵 配雲吞 ฿550)

Chef Shin 秉承日本廚師專業，在端上拉麵時會建議客人如何吃到最好的味道。湯底是拉麵的重要元素，吃麵前先品嚐清湯，一來可以清潔味蕾，二亦可感受湯底香濃滋味。湯底與爽口彈牙的自製手工拉麵十分配合，配上柚子醬非常清新。配料雲吞為鮮蝦豬肉餡。

地 2 Attha Kawi 1 Alley, Khwaeng Khlong Tan, Khet Khlong Toei, Bangkok 10110
時 11:00~15:00
休 週一
網 www.facebook.com/nonamenoodlebkk
交 BTS Sukhumvit Line **Phrom Phong 站** 4 號出口步行約 15 分鐘

Tsuke Toro Toro（雙重叉燒自家製沾麵 ฿690）

沾麵配有兩款湯頭：醬油及鹽味，鹹淡各有千秋。若然味道不合心水，另有多款調味料可自行添加，如秘製梅汁及柚子汁等。叉燒配生蛋黃味道更顯濃郁。

要吃到 Chef Shin 主理的拉麵一點都不簡單，因為每天只供應約 35 碗。店舖設計亦按照日本本土拉麵店，採用開放式吧枱，一行只有八個座位，另加兩張餐桌，想確保吃到須網上訂座。2023 年，No Name Noodle 更獲泰國權威雜誌 BK Magazine 頒發 The Top 100 Restaurant In Bangkok，表揚他們的專業精神及質素。

Buta Meshi Set（自家醬汁薄切叉燒飯 ฿180）

看起來較迷你，其實分量一點都不少。飯經味噌調味，甚為開胃。薄切叉燒一點都不韌。

Sherbet Ice Cream（柚子雪葩 ฿65）

柚子雪葩裏有淡淡的薑味和蜜糖味，吃前可將表面的柚子果醬與雪葩融合，令每口都能吃到柚子絲。

Chef Shin 烹調拉麵時表情專注嚴肅，但其實十分好客熱情。

店舖內外都充滿日式風情，木製裝飾牆身和室內磚牆甚有特色。

2023 年 9 月 NEW BRANCH

Rung Rueang (Tung)

榮泰（重）

在曼谷想吃一碗地道魚蛋粉，不少人會想起榮泰。由於榮泰曾經分家，兩間店更是相連，不少朋友都不知道該如何選擇。2023 年 9 月榮泰（重）在舊舖斜對面開設新分店，除了解決舊舖輪候時間較長的問題，更可以幫助旅客分辨兩店。

榮泰（重）從 2018 年起**連續六年獲米芝蓮必比登推介**，又屢獲泰國餐飲評論平台 Wongnai 頒贈 Users' Choice 殊榮，更曾經獲得泰國「綠碗公」殼牌美食認證。

經歷五十多個寒暑，榮泰（重）已紮根多年，價錢平民，所以中午會看到附近辦公室的上班族來吃麵，是一個米芝蓮級的上班族飯堂。

地 21/2 Sukhumvit 26, Khwaeng Khlong Tan, Khet Khlong Toei, Bangkok 10110

時 08:30~17:00

網 www.facebook.com/RungRueangtung26（店家不定時休息，請查詢專頁）

交 BTS Sukhumvit Line **Phrom Phong 站** 4 號出口步行約 5 分鐘

Tom Yum + Sen-Yai + Mixed（混合冬蔭湯河粉 -S ฿60）

細碗都十分足料，配菜包括魚蛋魚片、豬肝、豬心以及豬肉碎等。味道方面，冬蔭不會太濃郁致蓋過配料鮮味。如果喜歡重口味，可以自行添加調味料。

新店店舖面積較大，樓底比較高，用餐環境更舒服。此外，新店秉承本店格局，門口開放式廚房讓客人看到烹調過程。由於榮泰（重）在華人及日韓地區都頗有名氣，所以他們的菜單除了英文，還有中、日及韓文，就算不會說泰語都可以手指指點餐。

Crispy Fish Skin（脆魚皮 ฿20）
魚皮炸得非常薄身及香脆，也可嚐嚐浸湯吸滿湯汁的分別，會有兩種不同風味。

Clear Soup + Egg Noodle + Fish Ball & Minced Pork（豬肉肉丸清湯蛋麵 -L ฿80）
清湯是最受歡迎湯底，今次只選擇豬肉及肉丸，配料分量也多到看不到下面的麵條。魚蛋口感彈牙，充滿鮮魚味，不會腥。豬肉碎每塊都十分大，沒有過分調味。我略嫌蛋麵分量不足，胃納大的朋友可多點幾碗。

泰式調味料
四格調味架裏有油辣椒粉、白糖、辣椒醋、花生碎，另有支裝的魚露、白胡椒粉及檸檬汁。

（左）Plum Juice（梅汁 ฿20）
坊間粉麵店不太常見的梅汁，鹹甜味道清新。

（右）Chrysanthemum Juice（菊花水 ฿20）
泰式粉麵店常見飲料，濃濃的菊花香味不會苦澀。怕甜的話，可以慢慢待碎冰融化，令甜度適中易入口。

2022年3月 OPEN

The Chopsticks

來泰國除了盡情吃泰國菜，有時要照顧同行長輩口味。位於 Thong Lo 區的 The Chopsticks 雖然不是傳統中式酒家，但口味地道，賣相精緻。

餐廳名為“The Chopsticks”，餐具也以筷子為主，代替泰國較常見的不鏽鋼叉羹配搭，更切合店名。

ข้าวมันไก่ตอน（Hainanese Chicken Rice，海南雞飯 ฿105）
雞肉預先起骨，每啖都是肉，油飯亦做得十分出色，重油香味之餘飯不會過濕，保持粒粒分明。每客海南雞飯都會配雞湯，以及必備的辣椒醬。

地 764/11 Sukhumvit Road, Khwaeng Khlong Tan, Khet Khlong Toei, Bangkok 10110
時 09:00~02:00
交 BTS Sukhumvit Line **Thong Lo 站** 2 號出口步行約 5 分鐘

บะหมี่ ไข่กุ้ง
(Shrimp Roe Noodles，蝦籽拌麵 ฿139)
上桌已聞到鹹香鮮味。蛋麵上鋪滿一層厚厚的蝦籽，分量一點都不吝嗇。麵條亦煮得爽口彈牙，沒有鹼水味道。配蠔油芥蘭和濃湯，還原港式風味。

餐廳分為上下兩層，座位不算多，但裝飾得十分有中式格調。下層天花掛有一把把油紙傘，燈光過濾後舒服柔和。牆身的祥雲及龍頭吊燈籠畫龍點睛，充滿中式味道。此外，櫥窗亦還原港式燒臘店設計，以透明玻璃展示高掛的新鮮出爐燒味。二樓座位較下層寬闊，有一張張圓枱。由於二樓兼備小酒吧，所以風格有別，有英文仿霓虹燈，以及配備音響的中控台，晚上走搖滾路線。

เป็ด + หมูแดง + หมูกรอบ
(Roasted Duck + Char Siu + Crispy Pork，燒鴨 + 叉燒 + 燒肉拼盤 ฿299)
令我喜出望外！燒味拼盤賣相與味道都正宗，燒肉肥瘦相間，豬皮燒得乾脆，是不折不扣的芝麻皮。另外，叉燒和燒鴨的火候都控制得宜，叉燒充滿蜜味，燒鴨配酸梅醬屬一絕。

ถั่วแขก
(Scichuan Green Bean，乾煸四季豆 ฿139)
滿滿肉碎的乾煸四季豆，每勺都能盛到豬肉碎。四季豆亦炒得剛好，清爽不會有渣。味道微辣，適合伴飯。

น้ำฟัก (Winter Melon Tea，冬瓜茶 ฿59)
台灣品牌，但泰國生產的罐裝冬瓜茶，倒入冰裏，口感清爽不會過甜。

天花油紙傘裝飾。

Phed Mark
เผ็ดมาร์ค

泰國菜除了香港人熟悉的冬蔭功、泰式炒金邊粉，還有一道不可以錯過的國民菜 —— **泰式打拋**（Pad Kaprao，泰式羅勒葉菜式）。曼谷不少餐廳都有供應，但今次要特別介紹打拋專門店 Phed Mark。由不同界別的四位老闆共同經營，包括泰國著名食評 Blogger，以及擁有超過 1000 萬 Followers 的美國食家 Mark Wiens。Phed Mark 更曾經得到泰國「綠碗公」殼牌美食認證。

地 928 Sukhumvit Rd, Khwaeng Phra Khanong, Khet Khlong Toei, Bangkok 10110

時 10:00~19:30（19:00 Last Order）

交 BTS Sukhumvit Line **Ekkamai 站** 2 號出口步行約 2 分鐘

ผัดกะเพรา เนื้อวากิว（Stir Fried Basil Wagyu，打拋和牛 ฿249）
沒想過地道泰國餐廳都吃到和牛吧？牛肉和白飯的分量配搭得剛剛好，每口飯都品嚐到打拋獨有的香味。不得不提以鴨蛋煎成的太陽蛋，煎得脆邊金黃香口，但同時保留着半熟的蛋黃，非常適合拌飯。

Phed Mark 店舖裝潢風格平實，利用黃白紅三色配襯，加上招牌火焰吉祥物作點綴。店內座位不多，只有一張長桌及一張吧枱，繁忙時間或要輪候 30 至 45 分鐘。

ผัดกะเพรา แหนม

(Stir Fried Basil Sour Pork，打拋泰國酸腸 ฿159)

酸腸是利用生豬肉發酵的產品，生食或熟食都可以。Phed Mark 以羅勒葉烹調炒香，在酸味的基礎上有辣椒籽調味，酸酸辣辣別有風味。想嘗試但又怕酸，可以半熟蛋黃汁去調和，令味道更易接受。

Jiak Coconut Water（支裝椰子水 ฿35）

泰國生產 99% 的椰子水，味道清爽不會太甜。覺得打拋太辣的朋友必定要點一支，真的能解辣。

因為專賣打拋，所以菜單十分清晰，有素食、雞肉、豬肉及魷魚等不同選擇，配以白飯及太陽鴨蛋。打拋辣度分五級：1. 不辣、2. 微辣、3. 辣（* 店方推介）、4. 特辣（招牌）及 5. 非常辣。

Jiak Pineapple Juice（支裝菠蘿汁 ฿35）

甜味適中的菠蘿汁，內有粒粒菠蘿肉。

店前電箱貼有店舖吉祥物貼紙。

泰國「綠碗公」殼牌美食認證。

Phed Mark 的品牌設計糅合泰國傳統字體及招牌火焰吉祥物，深受顧客喜愛，所以推出自家品牌紀念品，讓客人買回家收藏。Phed Mark T 恤（฿599）、Phed Mark 搪瓷碟（฿459）、Phed Mark 貼紙（฿99/฿159）。

MAP

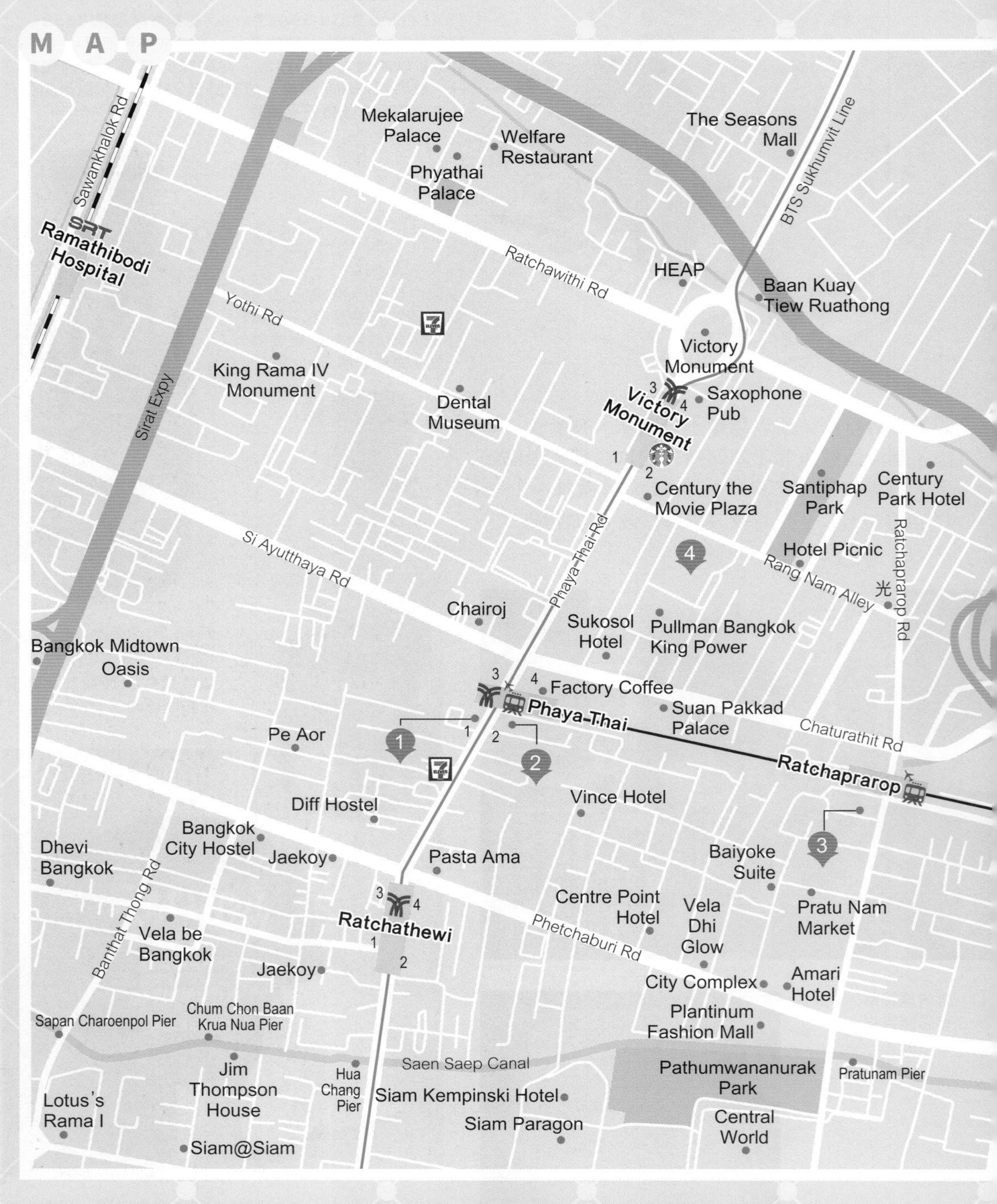

❶ The Foodie Hub（The Unicorn Food Court） ❷ SoMaek ❸ Kalyana Myanmar Restaurant
❹ King Power Rangnam

Ratchathewi
拉差貼威縣

相信旅客對拉差貼威縣不會陌生，大家常搭的 BTS 有同名車站，而耳熟能詳的水門市場和曼谷地標之一的勝利紀念碑亦位於這裏。

由於拉差貼威有 BTS 及 ARL 雙線交匯，所以區內正逐漸發展，新的辦公大樓及酒店陸續落成，未來有相當潛力呢！

勝利紀念碑

交通方式

BTS ---- Sukhumvit Line ----> Ratchathewi / Phaya Thai / Victory Monument 站

ARL ----> Phaya Thai / Ratchaprarop 站

HEAP cafe & restaurant
Chalerm Maha Nakhon Expy
Din Daeng Rd
Sirat Expy
ARL（機場線）
Eastin Hotel
Ramada by Wyndham
Bangkok Palace Hotel
Chitlom Pier
Saphan Wittayu Pier

2023 年 5 月 OPEN

The Foodie Hub (The Unicorn Food Court)

曼谷除了大型購物商場，不乏全新甲級多用途商廈，位於 BTS Phaya Thai 站旁邊的 The Unicorn 就是一例。集合辦公室、商場，以及五星級酒店 Eastin Grand Hotel Phayathai，從 BTS 站可直達基座商場 1 樓。

美食廣場 The Foodie Hub 位於 2 樓，設計風格及定位比較新潮。從室內佈置可看到設計用心，外貌有別於傳統美食廣場，色彩及格調甚有活力。The Foodie Hub 按座位分為多區，如適合單人的吧枱、四至六人小圓桌，甚至是自成一角的半開放式包廂。

地 18 Phaya Thai Road, Khwaeng Thung Phaya Thai, Khet Ratchathewi, Bangkok 10400

時 07:00~21:30

交 BTS Sukhumvit Line **Phaya Thai 站** 1 號出口沿天橋直達

สลัดมันฝรั่งญี่ปุ่น（Japanese Potato Salad，日式薯仔沙律 ฿80）
薯仔質感軟糯適中，沙律醬不會過分濃稠。

The Foodie Hub 共有八間店舖，以泰菜為主，另有日韓菜等。雖然 The Foodie Hub 位於甲級多用途商廈內，但食物價錢平民，每道餐點平均約 ฿70 起，性價比高。The Foodie Hub 設有落地大玻璃，可欣賞到區內及 BTS 景色。

ก๋วยเตี๋ยวน้ำใส ลูกชิ้น หมูตุ๋น เส้นบะหมี่（Noodles in Clear Soup-Pork Ball and Braised Pork Egg Noodles，清湯肉丸及燉豬肉蛋麵 ฿80）
地道泰式湯麵，雖然賣相一般，但味道濃郁。湯麵配三粒彈牙豬肉丸，以及數量不少的燉豬肉塊。豬肉燉得軟綿，筋膜肉味香濃。配菜有常見的芽菜及通菜粒，增添爽勁。

มะนาวปั่น（Lime Smoothie，青檸沙冰 ฿100）
雖然青檸沙冰價格稍高，但勝在檸檬片及香草裝飾漂亮之餘，能帶來清爽及涼透心感覺。

ไก่ป๊อป รสลาบ（Chicken Pop – Larb 酸辣味炸雞粒 ฿80）
炸雞粒有幾種口味可選，包括冬蔭、芝士及酸忌廉等，而 Larb 口味即是泰國東北部的酸辣味，除青檸檬及辣椒，還會灑上經烤製的生米碎，特別惹味。雞肉粒亦真材實料，沒有混入過多麵粉，喜歡重口味的朋友不妨再蘸上各式醬汁。

泰式調味料。

SoMaek 소맥

搭夜機到曼谷，到市區後哪裏還有食肆營業？SoMaek 是最方便的選擇。SoMaek 正位於 BTS 和 ARL 交匯站 Phaya Thai 下方，營業至凌晨 2 時，乘機場線尾班車來仍趕得及吃上。

地 55 Phaya Thai Road, Khwaeng Thanon Phaya Thai, Khet Ratchathewi, Bangkok 10400

時 17:00~02:00

交 BTS 及 ARL **Phaya Thai 站** 步行約 1 至 2 分鐘

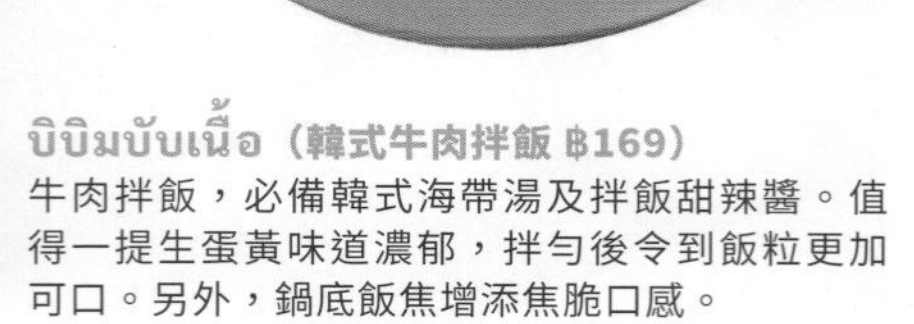

บิบิมบับเนื้อ（韓式牛肉拌飯 ฿169）
牛肉拌飯，必備韓式海帶湯及拌飯甜辣醬。值得一提生蛋黃味道濃郁，拌勻後令到飯粒更加可口。另外，鍋底飯焦增添焦脆口感。

หอยนางรมเกาหลี（韓國生蠔 ฿39／隻）
店員推薦的划算菜式。生蠔本已鮮甜不腥，為配合泰國人口味，除了檸檬片，SoMaek 還配上泰式海鮮醬和蒜片去提鮮。

SoMaek 在鐵路站下方，鄰近火車軌，外觀設計有限制，卻造就餐廳以韓國路邊攤形式營運，以兩個大帳篷規劃空間，冷氣及半戶外帳篷各佔一邊，中間小馬路以韓文畫上路標字體。

我選擇有冷氣的帳篷，內裏以霓虹燈裝飾，螢光燈光令人陶醉。此外，有現場樂隊演唱，帶動氣氛。食物方面，主要售賣輕主食，如韓式紫菜包飯、炸物及韓國年糕等，希望與友人舉杯閒聊，輕食暢飲，SoMaek 是個不可錯過的地方。

ตันซันซู กลิ่นโซจูโยเกิร์ต（Tansansu Soju Yogurt，無糖無酒精乳酪味汽水 ฿35）
想感受韓國氣氛，又喝不了韓式燒酒，可點 Tansansu。它是無糖無酒精汽水，口味模仿燒酒，是個不錯的代替品。

ปีกไก่ทอดเกาหลี-กระเทียม（韓式炸雞翼 - 蒜味 ฿129）
SoMaek 炸雞有兩種款式：無骨雞肉及原隻雞翼。我點了蒜味原隻雞翼，雞翼外皮炸得香脆，蘸甜味醬後仍保持脆口。雞翼本身沒有很濃蒜味，但外層炸蒜粒很惹味。喜歡韓式辣醬的朋友，SoMaek 同樣有辣味炸雞翼選擇。

เบียร์
Cass（Cass Beer，CASS 啤酒 ฿150）
相比起韓國燒酒和米酒，啤酒較易入口。SoMaek 除了供應泰國 Leo 及 Singha，還有來自韓國的 CASS。

現場樂隊演唱的都是耳熟能詳的西洋歌曲，甚能帶動氣氛。不少食客一邊吃飯，一邊隨拍子擺動。

Kalyana Myanmar Restaurant

在泰國工作生活的緬甸人有過百萬，加上泰國西靠緬甸，飲食互相影響，在曼谷水門區後方，就有緬甸菜餐廳 Kalyana Myanmar Restaurant。Kalyana 曾獲得各種備受認可的獎項，足證食物質素。我覺得食物口味也易為香港人接受，旅遊時想多嘗試特色菜，Kalyana 不失為一個選擇。

ข้าวหมกหม้อดินไก่（Maya Oh Biryani，陶鍋雞肉印度香飯 ฿300）

雞肉印度香飯盛於陶鍋，鍋口包上酥皮後原鍋烤焗。上桌後店員會割開酥皮，將金黃長身的米飯盛於碟上。雞肉印度香飯帶淡淡咖喱味，米飯與葡萄乾及腰果等配料形成雙重口感，古法炮製雞肉保持嫩滑。隨餐另附三項配菜及一道湯。

地 110 Ratchaprarop Road, Khwaeng Thanon Phaya Thai, Khet Ratchathewi, Bangkok 10400

時 週日至五 10:00~23:30
週六 10:00~23:00

交 機場線 ARL **Ratchaprarop** 站 1 號出口步行約 2 分鐘

ยำมะละกอพม่า（Burmese Papaya Salad，緬甸木瓜沙律 ฿100）
賣相及口味都與常見的泰式木瓜沙律不同。青木瓜絲較長身，驟眼看似扁意粉，質感爽脆，而且已預先拌勻蝦乾和花生碎，鹹香惹味。緬式木瓜沙律沒有辣椒，適合不吃辣的朋友。

Kalyana 於 2022 年翻新後緬甸色彩更強，有不少緬甸特色擺設，如小陶缸及扯線人偶，最特別是金光閃閃的緬甸傳統弦樂器 Saùng-Gauk，在燈光照射下顯出高貴尊尚。

Kalyana 為方便遊客，菜單既有緬甸、泰及英文，又圖文對照並有菜式介紹。身穿傳統服裝的緬甸人店員，以英語下單及基本溝通都不成問題。

เทมปุระรวม（Vegetables Tempura，雜錦蔬菜天婦羅 ฿150）
有五種蔬菜，包括蒲瓜、洋葱及粟米等，炸得香脆乾身。每款天婦羅有三件，分量足夠二至三人分享，蘸雙拼醬料別有風味。

โมฮิงกา（Mont Hin Gar，緬甸湯米線 ฿100）
緬甸米線較香港常見的幼身，但沾上芡汁後分外掛汁，盡吸湯底鮮味。儘管湯底及配料味道已很足夠，但都有辣椒粉及魚露給客人調味。

傳統樂器 Saùng-Gauk。

ฟาลูดา（Falooda，緬甸法魯達冰 ฿80）
賣相與味道猶如緬甸版珍多冰，店員提醒喝之前要將條狀的啫喱及布甸等材料拌勻。

ชาพม่าเย็น（Iced Burmese Tea，緬甸凍奶茶 ฿60）
香濃幼滑，有點港式奶茶的神髓。味道不會甜膩，無論喜歡港式或泰式奶茶的朋友，都應該不抗拒緬甸凍奶茶。

King Power Rangnam

來過泰國，應對王權免稅店 King Power 有印象。位於市區的王權國際集團總部，在幾年前大翻新，加入購物、餐飲及劇院等元素，成區內旗艦店，是訪泰遊客購物的好地方。酒店 Pullman Bangkok King Power 亦坐落在此，非常方便。

地 8 King Power Complex, Rang Nam Road, Khwaeng Thanon Phaya Thai, Khet Ratchathewi, Bangkok 10400

時 10:00~21:00

交 BTS Sukhumvit Line **Victory Monument 站** 2 號出口步行約 6 分鐘

好物推介

ยาดม ตรา พาสเทล ชนิดพกพา กลิ่นมะม่วง (Pastel Brand Pocket Inhaler Mango Scent，帕馨特香鼻通 芒果味 ฿180／Pack 6)

單支裝鼻通可在便利店輕易買到，但六支裝並不常見。Pastel 創新加入不同味道，如芒果、混合梅、雲呢拿等，擺脫老套形象。韓國男團 GOT7 泰籍成員 Bambam 曾為 Pastel 代言。

King Power Rangnam 樓高 3 層，有不少國際知名品牌進駐，內裏分為多區，包括名牌精品、鐘錶店、運動服裝、化妝品專櫃及泰式手信等，兼顧喜歡奢侈名牌或平民手信禮品的遊客。場內部分商品價格比坊間便宜，而且確保是 100% 正貨，可安心購買。

ยาดมสมุนไพรหมักนานาชนิด (Hong Thai Compound Herb Inhaler，泰天鵝傳統藥草吸鼻劑 ฿120／Pack 3)

韓國女團 Blackpink 泰籍成員 Lisa 在雜誌採訪中「開箱」個人手袋，其中泰天鵝傳統藥草吸鼻劑令不少泰國人驚訝，一度引起瘋搶。吸鼻劑真正作用在短暫舒緩暈眩、提神醒腦。

ตรางู คูลลิ่ง มิสท์ (Snake Brand Cooling Mist，蛇牌涼感噴霧 ฿265／Pack 3)

泰國炎夏時體感溫度能高達 50 多度，所以少不得降溫法寶。泰國老牌子蛇牌以出產爽身粉聞名，隨着潮流亦研發出助人降低體溫的涼感噴霧，怕熱的朋友一定要試。

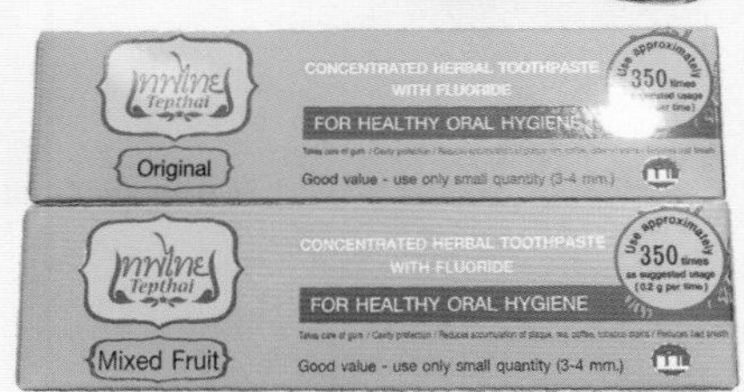

ยาสีฟันเทพไทย ยาสีฟันสมุนไพรสูตรเข้มข้น (Tepthai Concentrated Herbal Toothpaste with Fluoride，Tepthai 天然草本濃縮牙膏 ฿105)

Tepthai 天然草本牙膏強調超濃縮，只需一小點就能清潔整個口腔，一支牙膏可用 350 次，約六個月。泰國電視劇〈天生一對〉女主角 Bella 多次為 Tepthai 牙膏拍攝廣告，令產品非常入屋。

大曼谷

MAHANAKHON 是王權國際的自家品牌，早在 2022 年曼谷正名 Krung Thep Maha Nakhon 前已經面世，主要售賣泰式風格產品，如衣服飾品等。

食肆區 — 唐人街烤麵包

唐人街大排長龍的烤麵包店在 King Power 設分店，沿用多年的店主夫婦商標容易辨認。

王權免稅店。

MAP

❶ PERB Isarn Cuisine ❷ KopiHub Prime Ari ❸ GUMP's Ari Community Space
❹ Nihachi Kare & Katsu Shop ❺ Beaker and Bitter ❻ Loy High 9th Floor

Phaya Thai
拍耶泰縣

說起拍耶泰，相信不少人會馬上想到 BTS、ARL 的同名站，但原來車站正確位置在拉差貼威縣。拍耶泰縣在拍耶泰站北邊，縣內最聞名的車站其實是 Ari。

拍耶泰縣不只是高級住宅區，更是文青咖啡店及小型酒吧重地，當中不乏創新餐廳，廣受本地人歡迎。

Pearl Bangkok（明珠大廈）

交通方式

BTS ----- Sukhumvit Line -----> Ari / Saphan Khwai 站

約 2023 年 3 月 OPEN

PERB Isarn Cuisine เปิบ

泰國東北部（Isarn / 依善）接壤老撾，飲食風格相近，食物味道濃烈和多用香料，與中部菜式截然不同。PERB 位於 A-One Ari 四樓天台，**主打泰國東北菜**（Isarn Cuisine），是我在曼谷吃過印象較深的東北口味！除單點菜式外，喜愛泰東北菜的朋友不妨一試其中的泰東北火鍋 Jiew Hon（แจ่วฮ้อน）自助餐。

地 4/F Building A, One Ari, 9/2 Soi Ari 1, Khwaeng Phaya Thai, Khet Phaya Thai, Bangkok 10400

時 週二至日 12:00~15:00、17:00~22:00

休 週一

交 BTS Sukhumvit Line Ari 站 3 號出口步行約 4 分鐘

ต้มแซ่บกระดูกอ่อน
(酸辣豬軟骨湯 ฿185)

不能吃辣的點餐前要三思！小辣也有一定辣度，喜歡吃辣的應該會很喜歡。軟骨湯湯底酸辣開胃，青檸檬汁味很香。豬軟骨柔軟多肉，番茄味鮮。用料分量足，毫不吝嗇。湯上有烤過並舂碎的米，帶香味之餘，更添上濃厚東北風味。

PERB 位置方便，在 BTS Ari 站可看到餐廳招牌，反之在餐廳內亦能看到列車駛過。下午至黃昏到來可以一次過欣賞不同時段的美景。

餐廳裝潢以深紅色為主調，木質家具配以充滿泰國特色的軟坐墊及三角枕，恍如在泰國農家用膳。

ลาบมาม่า
(泰式肉碎即食麵 ฿185)
以泰式肉碎及紅葱頭等香料炮製而成，味道酸辣，麵身爽口有嚼勁。不少泰國人從小吃到大，吃時可以連生金不換一同咀嚼，齒頰留香。

น้ำตกหมูย่างถ่าน
(東北酸辣拌炭燒豬肉 ฿145)
貫徹東北菜的酸辣重口味，點小辣都有點吃力。炭燒豬肉採用豬頸肉，肉質帶油脂有點爽口，配糯米飯一起吃，真有置身泰國東北之感。

ข้าวเหนียวขาว
(白糯米飯 ฿25)
泰國東北人以糯米飯作主糧，我也「入鄉隨俗」點糯米飯配東北菜。飯香微甜，可稍中和其餘菜式的辣味。

น้ำจรวด
(泰式古法汽水 —— 青蘋果、葡萄 ฿59)
汽水氣泡較一般罐裝汽水少，但勝在口味豐富，坊間不容易找到。而且只需加 ฿10 就可添飲，便宜划算，適合解辣。

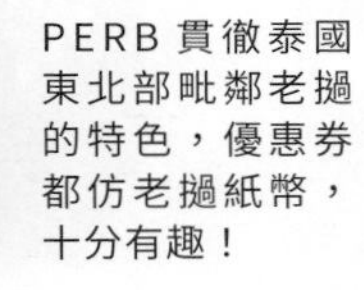

PERB 貫徹泰國東北部毗鄰老撾的特色，優惠券都仿老撾紙幣，十分有趣！

泰國春武里府著名點心店 KopiHub 終於在曼谷開店，Soi Ari 2 新店更冠上 Prime 之名。餐廳外形別樹一格，中式暗紅色雙層建築在小巷內十分顯眼，甚有格調。內裏裝潢與外觀如出一轍，各區域有不同風格，可按喜好挑選座位。

2023 年 8 月 OPEN

KopiHub Prime Ari

โกปี๊ฮับ

地 31/1 Soi Ari 2 Khwaeng Phaya Thai, Khet Phaya Thai, Bangkok 10400

時 週一至五 09:00~21:00
週六日及假期 07:00~21:00

交 BTS Sukhumvit Line **Ari 站** 3 號出口步行約 8 分鐘

น้ำส้มเสาวรส（熱情果橙汁 ฿79）
從來沒想過點心店可以喝到高腳杯飲料。熱情果橙汁味道有層次，入口先是濃郁橙汁味，餘韻帶熱情果香氣。

玻璃櫃內點心款式甚多。

ก๋วยเตี๋ยวหลอดกุ้งกรอบไข่แซลม่อน
(三文魚籽蝦膠炸兩 ฿179)
吃時要分秒必爭！上桌時已淋上甜醬汁，如果不及時吃，炸兩吸收過多醬汁，口感頓失。炸兩上有少量蝦膠及晶瑩剔透的三文魚籽，不難嚐到鮮甜味道。

KopiHub 點心即叫即蒸，共分兩級，並以不同方式點餐：劃點心紙及玻璃櫃點取。**點心紙上點心屬 Premium 級**，賣相標緻。菜單圖文並茂，只須填上所需數量。點心外還有中式小菜及特色飲品；**玻璃櫃點心較平民**，฿30 起就可吃到。點心偏向泰式，主要是豬肉配搭不同材料，泰式鮮蝦粉絲都是一道點心。

ฝุ่นโก๋กุ้งซอสผงกะหรี่
(咖喱汁鮮蝦粉果 ฿69)
一籠只有一件，造型精緻。粉果配以金箔、魚籽及濃稠的咖喱汁。吃時先剖開粉果，滲入咖喱汁，咬下去時所有味道在口中同時爆發。粉果餡分量不少，可以吃到彈牙爽口的蝦肉。

เป๋าฮื้อจักรพรรดิน้ำแดง (紅燒鮑魚點心 ฿129)
打卡之選！原隻金箔鮑魚很有氣派，一口吃下認真豪氣。鮑魚味道中規中矩，但火候控制得宜，不會過硬，推薦給喜歡吃鮑魚的朋友。

ฮะเก๋าวาซาบิ
(青芥末蝦餃 ฿69)
皮厚薄適中，一眼已看到芥末。咬開後聞到濃郁青芥末味，但不會嗆鼻。青芥末蝦餃味道創新，賣相漂亮，價錢不貴，值得一試。

ติ่มซำนึ่งสด (現點點心)

鵪鶉蛋豬肉 (฿30)
經典泰國點心，賣相比 Premium 點心稍遜，但勝在價錢平民。鵪鶉蛋味道濃郁，配搭爽口的豬肉和椰菜絲，味道挺有層次。

皮蛋豬肉 (฿30)
似曾相識的材料組合，令我聯想到皮蛋肉丸粥。皮蛋香味與豬肉味融為一體。味道普通，蘸上醬汁後卻別有風味。

GUMP's Ari Community Space

GUMP's Ari 是不少泰國文青喜愛的小型社區中心，除了建築造型可愛，適合拍照打卡，中心有各式精緻高質的商家進駐，餐廳、咖啡店、理髮店及自拍店一應俱全。

地 46/5 Ari 4 Fang Nua Alley, Khwaeng Phaya Thai, Khet Phaya Thai, Bangkok 10400

時 週一至五 10:00～20:00，週六日 10:00～20:30（視乎個別商家）

交 BTS Sukhumvit Line **Ari 站** 3 號出口步行約 6 分鐘

從 Ari Soi 4 轉進來，步行不久已經見到兩層高的 GUMP'S Ari，外形較毗鄰建築型格，柔和淺卡其色外牆與中心內的氛圍對比強烈。商家不約而同採用鮮艷繽紛的顏色裝飾店面，注入青春活力氣息。

理髮店 – The Esquire Barber Club
位於上層的理髮店，深受外國人歡迎，來到泰國不妨嘗試 Esquire 理髮師的手勢。

自拍店 ——
Sculpture Holiday
泰國近年興起自拍店，相宜價錢吸引年輕人光顧。

果汁店 – Prik Kluea
店名在泰文解作「辣椒鹽」，取名不只因易記，更因部分健康果汁加入辣椒和鹽，配上新鮮生果另有一番滋味。格仔牆身適合拍照。

美式快餐店 ——
Fats & Angry
我認為在 GUMP's Ari 最出眾的一間店，光看外形已很重美式風格。食物十分「邪惡」，如漢堡包、奶昔及薯條等。只要找對角度擺好 pose，拍照效果真的像去了美國。

梳乎厘班戟店 ——
Fuu.Soufflepancake
Fuu 舖位自成一國，梳乎厘圖案和黃色外牆十分搶眼。招牌作是軟綿綿的梳乎厘班戟，另有各種飲品及雪糕、布甸等甜品。

飲品店 – CAFF & CO
走可愛風的飲品店，買完飲品不妨在旁邊的漫畫風格牆拍照。

— 其他 —

日式廚師發辦 – Kinroll

衣服設計店 – BNK Studio Fashion and Design School

咖啡店 – Donut Disturb！ Bangkok

2023 年 6 月 RELOCATE

Nihachi Kare & Katsu Shop

Ari 區有不少銀行，在一座門口貼着兩間泰國知名銀行招牌的千禧年代商廈，你會否猜到內有乾坤，有值得一試的隱世餐廳？Nihachi Kare & Katsu Shop 就是隱身於 Phaholyothin Place 商廈 2 樓的日式咖喱專門店。由三年前區內一間小舖擴遷到此，意想不到吧！

地 2/F Phaholyothin Place, 412 Phahon Yothin Rd, Khwaeng Samsen Nai, Khet Phaya Thai, Bangkok 10400

時 週一至六 11:00~20:00

休 週日

交 BTS Sukhumvit Line Ari 站 4 號出口步行約 5 分鐘

Menchi Katsu —— Ground Meat Cutlet
（日式吉列炸免治肉餅咖喱飯 ฿228）

賣相吸引，咖喱汁旁邊堆起珍珠飯及吉列炸肉餅，造型立體。炸肉餅充滿豬肉味和肉汁，沒有混合太多麵粉，炸皮厚薄適中，整體酥脆可口。咖喱汁濃稠得宜，有咖喱香氣但不會過分辛口，口味大眾。喜歡吃得豐富的朋友可在點餐時另加 Topping，例如芝士、炸雞塊或燒茄子等，拼搭適合自己的配菜。

Fried Shrimp
(炸蝦 ฿68)
隨主食加配的日式炸蝦，共有兩隻，價錢合理。蝦的味道及炸皮質感都調配得剛剛好。蝦尾炸過後可吃，再蘸上日式咖喱汁，令味道更豐富有層次。

Cabbage Slices
(日式椰菜絲 ฿38)
喜歡蔬菜的朋友不要錯過椰菜絲，因為可自行調配口味，例如醬油或芝麻醬。椰菜絲脆爽沒有草青味，配上今次我選擇的香濃芝麻醬，十分開胃。

Nihachi 菜餚以日式咖喱飯（Kare）及日式吉列飯（Katsu）為主，有多種肉類可選。另有不少小食及甜品。電子菜單有菜式照片及英泰文對照，方便客人按圖下單。

餐廳設計樸實無華，以日系乾花及古典木家具作主調，分普通餐桌及吧台區。靠近窗戶可見到拍鳳裕庭路（Phahon Yothin Road），不時看到 BTS 列車駛過。店員為了不讓陽光直射到客人，貼心地拉上薄紗窗簾，陽光穿透而入令氣氛更柔和。懂日文的朋友不妨翻閱餐廳的日本雜誌，悠閒度過一個下午。

Japanese Green Tea — Refill（日式綠茶 ฿38)
這杯綠茶真的透心涼！除了可以添飲，不鏽鋼茶杯可以保持冰冷，味道清新。

Green Tea Ice Cream — Topping Red Bean（抹茶紅豆雪糕 ฿68)
雪糕真材實料，抹茶味香濃，且不會過分甜。伴在雪糕旁邊的紅豆粒經特別方法處理，質感較乾脆，再灑上木糠餅碎，與綿密細膩的雪糕一起吃，口感有趣。

Beaker and Bitter

泰國人在保育與創新方面真有想法。咖啡店 Beaker and Bitter 位於 Ari，以實驗室為主題，由泰國腦科醫生 Build 及拍檔 Kenni 共同經營。為甚麼關乎保育與創新？因為咖啡店原址紐約製藥廠（New York Chemical）已屹立逾半世紀，直至多年前荒廢。經兩位老闆投入創意之後，搖身一變成年輕人喜歡打卡的咖啡店。

地 4 Sai Lom 1 Alley, Khwaeng Samsen Nai, Khet Phaya Thai, Bangkok 10400

時 08:00~20:00

交 BTS Sukhumvit Line **Ari 站** 4 號出口步行約 18 分鐘

來到當然要打卡，因為 Beaker and Bitter 保存製藥廠物品，滿有歷史感，如已發黃的電腦及茶色玻璃樽等。咖啡店貼心提供拍照道具，包括造型眼鏡、醫生聽筒及鐵鉗等。

最令我印象深刻和投入的，是 X 光房及化學房。兩者以往都是製藥廠的真實工作場所，現已變成拍照場景。

อเมริกาโน่ (เอธิโอเปีย) (Americano (Ethiopia)，美式咖啡 (埃塞俄比亞) ฿145)
美式咖啡有兩種豆：Ethiopia 及 Pang Khon。今次選擇 Ethiopia，味道偏 Fruity，不會過分苦澀。此外，為防冰塊融化令咖啡味道變淡，咖啡會以錐形燒杯另上，讓顧客自行調配。

กาแฟดำมิ้นต์ (Black Minty，薄荷黑咖啡 ฿125)
美式咖啡加入薄荷，在咖啡因及薄荷雙重加持下，十分醒腦醒神。黑色的咖啡隱約看到淡淡綠光，猶如分成兩層。

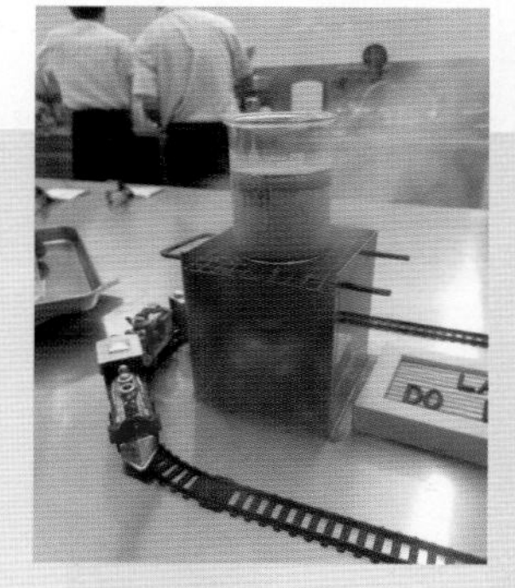

店名 Beaker and Bitter 的 Beaker，即實驗室的燒杯，且同時擁有兩位創辦人名字羅馬拼音首字母；Bitter 意思是咖啡苦味，而且與 Beaker 押韻，容易令人留下印象。Beaker and Bitter 不單是咖啡店，還可租用不同房間，包括 Alpha Lab 自修室、Charlie Lab 共享活動室、Delta Lab 工作室等。喝咖啡用餐的房間是 Bravo Lab，每間房形象鮮明，各司其職。

เสาวรสโซดา (Passion Fruit Soda，熱情果梳打 ฿125)
Beaker and Bitter 的梳打會配上啫喱波波及爆炸糖。顏色對比鮮明，漂亮之外增添樂趣，如像在實驗室做化學調配。

ครีม + นม + คาราเมล ท๊อปด้วยหัวกาแฟ (Dirty Latte，焦糖奶油咖啡 ฿135)
雖然焦糖奶油咖啡容量較其他飲料少，但質感及味道並不遜色：整體濃厚順滑，咖啡及焦糖奶油味道平衡，甜度適中。取餐時有煙霧效果，模擬本生燈加熱的模樣。

ครอฟเฟิลครีมสด (Cream Croffle，鮮忌廉牛角酥窩夫 ฿85)
酥脆的牛角酥窩夫牛油香濃烈，塗上鮮忌廉有冷熱交融的感覺，甜而不膩的口感欲罷不能。

ครอฟเฟิลกรุบ ชีสเยิ้ม (Croffle Cheese Burger，芝士窩夫漢堡 ฿115)
此漢堡不同彼漢堡，以窩夫取代傳統麵包，經烘熱後牛油味更突出，配上餡料及流心芝士，味道豐富。

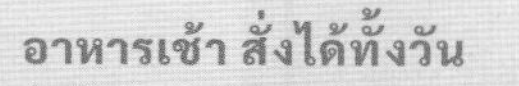

อาหารเช้า สั่งได้ทั้งวัน (All Day Breakfast，全日早餐 ฿140)
全日早餐包多種食材，包括煎雙蛋、兩個牛角酥窩夫、豬肉腸及蘿蔔生菜沙律等，分量足供兩人分享，物超所值。不鏽鋼大圓盤賣相吸引，不同顏色盡入眼簾，令人食指大動。

สลัดไก่เทริยากิ (Chicken Teriyaki Salad，日式照燒雞沙律 ฿100)
造型可愛的照燒雞沙律，有生菜、蘿蔔、小番茄及雞肉，分量不少。一口吃齊所有材料，口感豐富，有蔬果的爽脆及雞肉的彈牙，配搭完美。

愛貓之人 Kenni 在其中一間房養貓。可惜房間謝絕採訪，大家都不要透過玻璃嚇牠們啊！

Loy High 9th Floor

要不假思索地說出一個充滿泰式年輕活力的社區，位於曼谷北部的 Ari 絕對榜上有名。Ari 不單有日韓系的文青咖啡店，只要抬頭一看，無論是舊式聯排建築，或新建小型辦公中心的天台，不難看到各種酒吧，可謂 Ari 的獨特風景。

在 The HUB Phahol-Ari 內的酒吧 Loy High 9th Floor，顧名思義位於 9 樓天台，算是區內位置較高的一間，可以飽覽周邊風景，不論 BTS 路軌或泰國政府儲蓄銀行總部都一一看到。

地 466/9 Phahonyothin Road, Khwaeng Samsen Nai, Khet Phaya Thai, Bangkok 10400

時 17:30~00:00

交 BTS Sukhumvit Line **Saphan Khwai 站** 2 號出口步行約 8 分鐘

建議五點半開門時來到，可趕及欣賞日落美景，非常寫意。

Loy High 9th Floor 分三個區域，其中一角為增加樂隊表演空間，搭建小平台，上層風景更上一層樓，可說是空間發揮的極致。

酒吧小食種類多不勝數，從泰式涼拌沙律、冬蔭功湯，到德國豬手等下酒菜齊全，迎合大眾不同口味。我覺得飯前或飯後時間到來最適合：前者可在正餐前與朋友小聚淺酌、品嚐小食及欣賞日落美景；後者飯後繼續舉杯暢談，把酒談心。

คอหมูย่าง
(Grilled Pork，燒豬頸肉 ฿120)
豬頸肉有香濃炭燒味，肥瘦厚薄適中，配上醬汁味道恰到好處。惟分量不多，自認食肉獸的朋友可同時點兩份，因為炭燒需時。

ถั่วแระญี่ปุ่น
(Edamame，日本枝豆 ฿90)
上桌時帶微溫，灑有雪一般的鹽去調味。分量較其他酒吧足料，但在欣賞風景享受啤酒時，要吃光都不是難事。

แซลม่อนทาปาส
(Salmon Tapas，三文魚塔帕斯 ฿210)
一共四件，以價錢來說物超所值。三文魚分量不少，而且每塊都切得大大粒，啖啖肉有滿足感，配上爽脆的飛魚籽味道新鮮。塔帕斯主要以千島辣醬帶出味道，即使我能吃辣都有點吃力，但佐以啤酒感覺十分爽。

ฮูการ์เด้น
(Hoegaarden ฿250)
一品脫（Pint）的量，邊喝邊看日落，或欣賞 BTS 來回駛過都是不錯的享受。Loy High 9th Floor 時有推廣，如 Tower 及 Pitcher 啤酒買二送一，非常划算。

升降機只停地下、7 及 8 樓，去天台的 Loy High 9th Floor 要在 8 樓出升降機，上一層樓梯才到達。

MAP

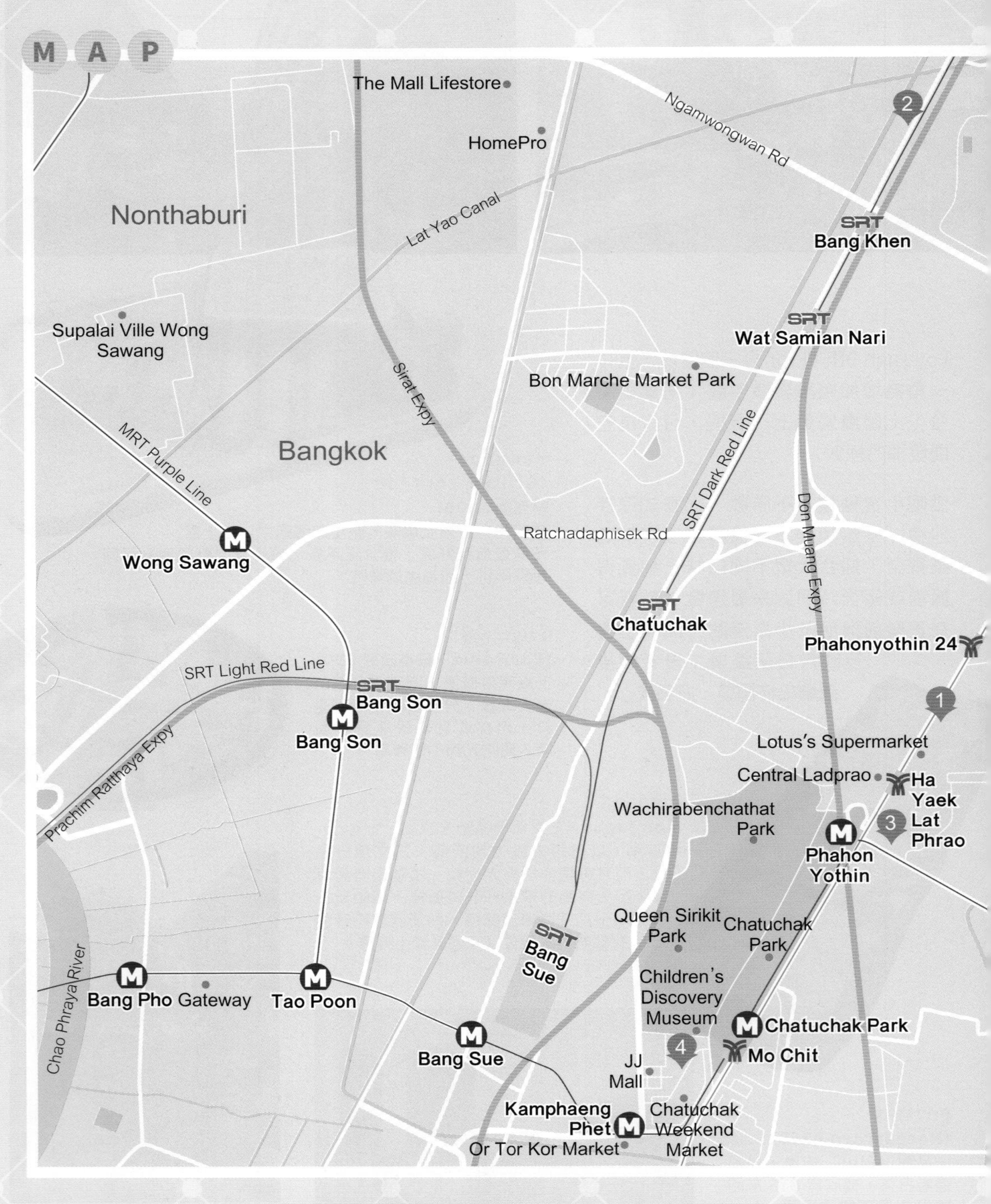

❶ Train Night Market DanNeramit ❷ Museum of Contemporary Art (MOCA) ❸ Union Mall
❹ Mixt Chatuchak Food Court

Kasetsart University

Kasetsart University

Sena Nikhom

BTS Sukhumvit Line

Ratchayothin

Big C Extra

MRT Blue Line

Lat Phrao

MRT Yellow Line

Ratchadaphisek

Chatuchak
乍都節縣

乍都節縣位於曼谷北部，原屬挽卿縣一部分，隨着社區發展而獨立成縣，並以區內乍都節公園命名，最為人熟悉定是翟道翟週末市集。

經多年發展，位於乍都節縣的泰國新鐵路樞紐Krung Thep Aphiwat中央火車站落成，配合BTS Sukhumvit Line延長線及SRT鐵路紅色線相繼開通，區內交通比以往方便，越來越受遊客青睞。

週末市場

交通方式

BTS	Sukhumvit Line	介乎Mo Chit及Kasetsart University站
MRT	Blue Line	介乎Lat Phrao及Bang Sue站
SRT	Red Line	介乎Bang Sue及Bang Khen站

Train Night Market DanNeramit

泰國夜市五花八門，總會在遊客行程清單之內。位於曼谷北面的這個地標夜市，光看到城堡就知道與其他夜市有別。原址為兒童主題樂園 Dan Neramit（神奇之地），2023 年 4 月變成 JODD FAIRS 第二期。想不到相隔不足一年，2024 年 3 月宣佈再改名為 Train Night Market DanNeramit，加入懷舊元素示人。

前身兒童樂園的城堡被保留下來，還可以免費進內參觀。城堡有幾層高，爬樓梯登上觀光點可以飽覽夜市及區內景色。

地 Phahon Yothin Road, Khwaeng Chom Phon, Khet Chatuchak, Bangkok 10900

時 週四至日 17:00~00:00

交 BTS Sukhumvit Line **Phahon Yothin 24 站** 2 號出口步行約 6 分鐘，或 **Ha Yaek Lat Phrao 站** 4 號出口步行約 6 分鐘

Miruku

Premium Matcha Greentea（優質抹茶 ฿129）
材料非常充足的抹茶沙冰，等候時可以看到店員一直忙着加不同材料到攪拌器內。抹茶味頗濃郁，甜度適中，餘韻帶微微回甘。配料紅豆、脆麥片及餅乾為沙冰增加脆脆口感。

ข.ไข่ในเตา (Smile Egg)

Cream Egg Waffle（奶油餡雞蛋糕 ฿79）
造型和包裝都十分可愛的雞蛋糕，即叫即製，出品新鮮。Smile Egg 餡料選擇多達十種，鹹甜俱備。我選了經典奶油餡，雞蛋糕蛋味香濃，配加熱後的奶油餡有點流心效果。

Train Night Market 空間十足，不同角落都有座位，就算買到滿手小食都不用擔心。當中城堡前草地及湖邊座位都很搶手，比較有氣氛，又可以聽到現場樂隊歌聲。此外 Train Night Market 還有打卡點及古董車展出。

Train Night Market 有超過 15 行店舖，食店種類多樣，包括海鮮、泰北香腸、炸昆蟲及香蕉煎餅店等，由開胃小食到飯後甜品一應俱全。除了食店，乾貨小店亦為數不少，商品選擇多，如掛畫、女士首飾及色彩繽紛的浴球等，價錢平民貼地，值得來找心頭好。

海鮮店。

Photoautomat

四格／六格實體照片 ฿120
近年泰國興起自拍店，賣點就是便宜及免去拍照擺 Pose 尷尬。Photoautomat 影相機有多個版型，四格或六格任君選擇。從付款、拍照至拿到實體照完全自助。

設有現場樂隊的酒吧。

Museum of Contemporary Art (MOCA)

在曼谷除了去商場逛街，我也喜歡發掘靜態景點。SRT 鐵路紅色線開通後，位於翟道翟北部的曼谷當代藝術博物館（MOCA）再非遙不可及。MOCA 由泰國富商及藝術品收藏家 Boonchai Bencharongkul 建立，2012 年由詩琳通公主主禮開館，是東南亞其中一個大型當代藝術博物館。MOCA 分為五層，除常設展，又不定期展覽國內外藝術家創作。

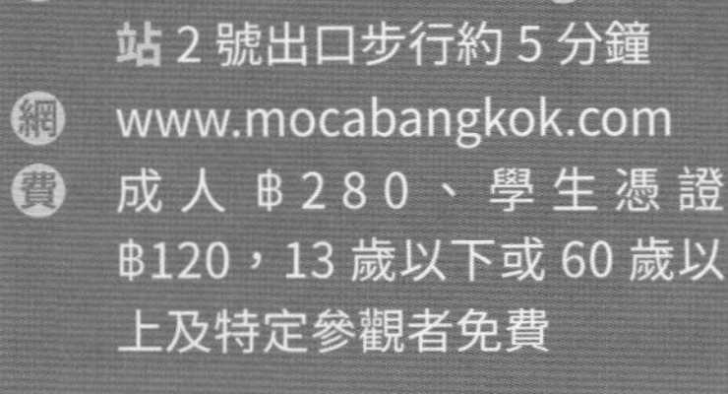

- 地 499 Kamphaengphet 6 Road, Khwaeng Lat Yao, Khet Chatuchak, Bangkok 10900
- 時 週二至日 10:00~18:00
- 休 週一
- 交 SRT Red Line **Bang Khen 站** 2 號出口步行約 5 分鐘
- 網 www.mocabangkok.com
- 費 成人 ฿280、學生憑證 ฿120，13 歲以下或 60 歲以上及特定參觀者免費

為方便參觀者仔細欣賞作品，MOCA 在各樓層中擺放椅子。椅子外形貫徹藝術風格，甚有心思。

地面（G Floor）

未正式進入展館已可看到各種藝術雕塑，包括售票處對出水池上的花雕塑、金光閃閃的鳥頭人身及猩猩雕塑等。此外，地面層還有 MOCA Store 紀念品店及咖啡店，部分座位更延伸到戶外空間，可見到象神像。

2 樓（2nd Floor）

沿扶手電梯登上 2 樓，牆上面具展品盡入眼簾，甚有氣派，亦極具歷史色彩。除了透過玻璃櫃欣賞，還有數個面具可以讓參觀者戴着拍照，融入其中。

3 樓（3rd Floor）

集合多種雕塑及畫作，但最突出的莫過於以泰式古建築風格呈現的展廳 “House of Phimphilalai”。內容以泰國經典史詩《坤昌與坤平》為題，講述大城王朝女子婉通夾在兩個男子坤昌及坤平之間，最終以悲劇收場的愛情故事。展廳展出 1:1 人型雕塑、畫像、泰式傳統家具，以及電視講解故事情節。

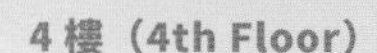

4 樓（4th Floor）

展出畫作較具宗教色彩，其中 “The Three Kingdoms” 系列最令人印象深刻，三幅高七米、闊三米的大型油畫分別由三位泰國藝術家 Sompop Budtarad、Panya Vijinthanasarn 及 Prateep Kochabua 繪畫，以天堂、人間及地獄為題，筆觸細膩。

入口處人像是泰籍意大利人 Professor Silpa Bhirasri（Corrado Feroci），被尊稱為泰國現代藝術之父。他亦是曼谷泰國藝術大學（Silpakorn University）創辦人，對泰國現代藝術影響深遠。

5 樓（5th Floor）

位於中央的 Richard Green 展館，歐式裝潢與博物館風格截然不同，有拱頂及天窗透光。展廳展出維多利亞時期（1830 年代至 1900 年代）畫作，以德國畫家 Lawrence Alma-Tadema 及其徒弟 John William Godward 作品為重點。

Union Mall

遠離市中心，曼谷北部集合住宅、政府機關及不同大小的校園，著名的泰國農業大學（Kasetsart University）就位於翟道翟北部，因此區內設施偏向平民。其中 Union Mall 購物商場就是**主打「貼地」和親民價**，是不少泰國學生放學後消遣的地方，以小店家為主，購物及飲食一應俱全。

地 54 Soi Lat Phrao 1, Khwaeng Chom Phon, Khet Chatuchak, Bangkok 10900
時 11:00~22:00
交 MRT Blue Line **Phahon Yothin 站** 5 號出口，或 BTS Sukhumvit Line **Ha Yaek Lat Phrao 站** 2 號出口沿天橋步行約 5 分鐘

2023 年 12 月 OPEN

Multy Beauty

地 F2 Union Mall 時 11:00~21:00

Multy Beauty 是平價美妝店，普遍價格較坊間便宜，不少商品只需雙位數泰銖已買到，特別商品更有買一送一推廣，吸引學生放學後來尋寶。

店內分不同區，商品擺放井然有序，從乳霜、面膜、頭髮護理、口腔護理，到身體保健品一應俱全，韓國入口貨亦為數不少，適合來泰國購物，尋找不同品牌美妝品的朋友。

Himalaya Purifying Neem Face Wash（喜馬拉雅淨化印楝洗面乳 ฿159）
印度牌子，在泰國受本地人歡迎，不少大型超市、藥妝店及網店都有售賣，惟 Multy Beauty 價錢較便宜，即使沒有優惠，售價也約為其他地方九折，非常划算。

Good Noodle

地 B Union Mall 時 11:00~21:00

香港街頭「撈冷麵」是不少人的童年回憶，麵條及配料可自由選擇。在曼谷都有類似食店，讓顧客自行配搭麵條配料。由於概念新穎，貨品推陳出新，港日韓台及東南亞等地的即食麵都找得到，吸引學生放學後來「大展身手」，自己煮麵。

只需四個簡單步驟，就能吃到適合自己口味的麵：選擇麵底 > 挑選配料 > 付款 > 加熱水焗或加配紙碗煮麵。

排列不同國家的即食麵，甚有特色。

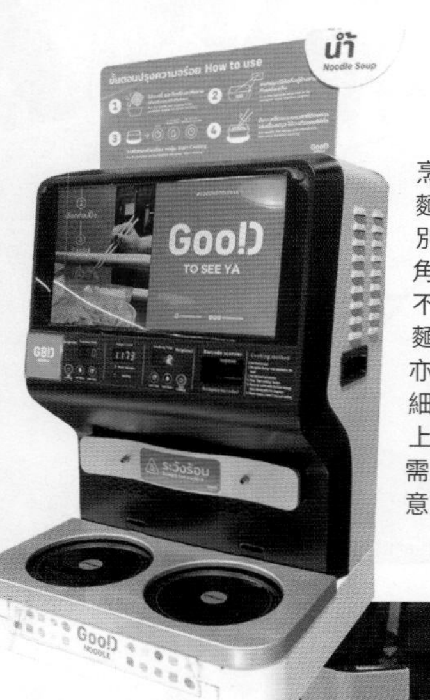

烹煮撈麵及湯麵的機器有分別，機器右上角有指示牌。不同品牌即食麵的烹煮時間亦有異，可先細心閱讀機器上指示，如有需要職員亦樂意協助。

有指示牌指導新顧客，列明四個選購及烹煮步驟。不懂泰文亦可參照數字次序指示燈，完成製作自己的即食麵。

Good Noodle 不時推出優惠及搜羅世界各地麵食，為顧客保持新鮮感，所以吸引學生一族捧場之外，不少外籍遊客亦一試這新玩意。

小貼士

因為煮麵機有既定程序及時間限制，如果選擇生肉配料，謹記要把配料放到熱水內，確保能在加熱時間內完全煮熟。

Mixt Chatuchak Food Court

來泰國旅行，很多朋友都會預留一兩日在翟道翟週末市集尋找心頭好，但是曼谷天氣多變，烈日當空及傾盆大雨時，走進商場避一避都是不錯的選擇。坐落在週末市集旁邊的 Mixt Chatuchak 商場，商品及 Food Court 食物價錢都十分親民，最重要是他們每天營業，只有平日行程的朋友都可以逛到「翟道翟」。

地 8 Kamphaeng Phet 3 Road, Khwaeng Chatuchak, Khet Chatuchak, Bangkok 10900

時 10:00~20:00

交 BTS Sukhumvit Line **Mo Chit** 站 1 號出口，或 MRT Blue Line **Chatuchak Park** 站 1 號出口步行約 5 分鐘

ลูกชิ้นระเบิดผสม กลาง (Fish Bomb，雜錦炸魚蛋 - 中 ฿60)

泰國常見炸魚蛋之一，泰文名字中「ระเบิด」是爆炸之意，因為魚蛋在炸的時候會膨脹，有時會炸到裂開而得名。質感與香港煎釀三寶的魚蛋有別，較彈牙有韌性。

ไก่ต้ม (Boiled-chicken Without Rice，泰式海南雞 - 煮雞 ฿140)
去骨雞肉肥瘦適中，口感滑嫩，薄身雞皮入口即溶。配料都是泰式海南雞標準配搭，包括小青瓜及雞紅，蘸上醬汁可以令雞肉味道更鮮。

位於 Mixt Chatuchak 3 樓的 Food Court 不單止食物便宜選擇多，裝潢都甚有格調，如藤製燈罩及麻繩鞦韆座位等。此外，還可以居高臨下望到週末市集全景，景觀開揚。

為迎合各國旅客，Food Court 有不同菜式可選，大部分菜單都有泰、英、中三種語言。現時不少泰國美食廣場都更新付款系統，除了儲值卡，也可用 Rabbit Card 及 Thai QR Code 等電子方式付款，免去買卡退卡，節省不少時間。

ก๋วยเตี๋ยวต้มยำไก่ (Tom Yum Soup with Chicken，砂鍋冬蔭雞麵 ฿60)
砂鍋盛載冬蔭湯底雞肉麵，造型有特色。我選擇公仔麵，麵條吸收冬蔭湯底，味道惹味，酸辣恰到好處。

ข้าวซอยไก่ (Northern Thai Curry Noodle Soup – Chicken，泰北咖喱雞麵 ฿70)
味道比不上在泰北吃的咖喱雞麵，湯底較淡薄，但勝在價錢便宜，可以解癮。我最欣賞其分量足，煮到軟熟的原隻雞腿亦夠大塊。

ข้าวผัดไข่+ไข่ข้นกุ้ง (Creamy Prawns Omelet on Egg Fried Rice，鮮蝦滑蛋蓋蛋炒飯 ฿100)
滑蛋炒蝦肉賣相吸引，預先調味的蛋炒飯很足料，味道亦較重口味，幸好青瓜片可減油膩感。

ชาเมล่อน+ท็อปปิ้ง (Melon Fruit Tea + Topping，蜜瓜果茶 + 配料 ฿29+ ฿5)
平民級茶飲店的蜜瓜果茶，味道正常發揮，加了啫喱 Topping，增添口感。

MAP

❶ Kope Hya Tai Kee @Saranrom ❷ Durian Papa Durian Cafe ❸ Na Phra Lan Tunnel ❹ IM En Ville ❺ Rattanakosin Exhibition Hall ❻ Ong Ang Walking Street ❼ Medium Rare Tha Tian

Phra Nakhon
拍那空縣

拍那空縣是曼谷舊城區，聞名世界的景點例如大皇宮、大鞦韆以及考山路都是位於這個縣。正因為這個地區有濃濃的歷史色彩，所以吸引了不少年輕人進駐，為這裏注入生命力。如果想同時感受復古文青風及潮流色彩，就來拍那空縣吧！

大鞦韆

交通方式

Central Pier – Sathorn（BTS Saphan Taksin 站 2 號出口）

船 --- Blue Flag ---> Tha Chang Pier、Tha Maharaj Pier

船 --- Orange Flag ---> Tha Tian Pier

MRT --- Blue Line ---> Sam Yot 及 Sanam Chai 站

The Family
Villa Bangkok Hotel
Dinso Rd
民主紀念碑
Queen's Gallery
5
Ratchadamnoen Contemporary Art Center
王孫寺
曼谷市政府
Thipsamai Pad Thai
Raan Jay Fai
Tim Mansion
Tee Yen Ta Fo
Chern Hostel
Maha Chai Rd
Ong Ang Canal
Sam Yot
3 2 1
Mega Plaza

6

2023 年 7 月 OPEN

Kope Hya Tai Kee @Saranrom

邢泰記是早期移居泰國的華人開設的食店，本店 1952 年在曼谷舊城區開業，至今已有 70 多年歷史。而這間最新分店在 2023 年 7 月開幕，選址是一棟擁有 130 年歷史的兩層建築，經翻新後分為多個部分，非常值得來品嚐傳統餐點及拍照打卡！

地 13 Charoen Krung Road, Khwaeng Wang Burapha Phirom, Khet Phra Nakhon, Bangkok 10200
時 07:00~20:00
交 MRT Blue Line Sam Yot 站 3 號出口步行約 8 分鐘

ชุด 1 ไข่กระทะครบสูตร (ชีส + เบคอน) เสิร์ฟพร้อมขนมปังสอดไส้ (Set 1 "Kai-Kra-Ta" Full option (with cheese and bacon) + baguette sandwich，鐵盤煎蛋（芝士 + 煙肉）配法包三文治 ฿158)
據說是從越南引進的菜式，鐵盤煎蛋的賣相十分吸引，以小鐵盤把太陽蛋煎至半熟，並有煙肉、臘腸、豬肉碎、青豆等配料。旁邊還有一個有餡的小牛油麵包，可以蘸上芝士蛋黃汁一同食用。

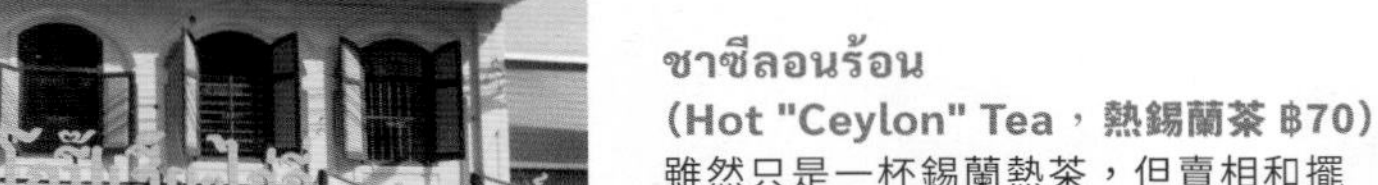

ชาซีลอนร้อน
(Hot "Ceylon" Tea，熱錫蘭茶 ฿70)
雖然只是一杯錫蘭熱茶，但賣相和擺盤都十分精緻。除了盛於傳統有耳杯內的錫蘭茶，還配有花奶、煉奶、白砂糖，可以調較出合適自己的口味。

幾乎每個角落都會看到昔日邢泰記的報紙報道，由此可見其在泰國社會中的受歡迎程度。

ไทยโพสต์

ก๋วยเตี๋ยวหลอด (Soya Noodle，秘製醬汁河粉 ฿118)

這是結合了中式和泰式的河粉，在芽菜墊底的河粉上鋪滿香菇、豆乾及豬肉粒，再配上有青紅辣椒的秘製豉油，味道酸甜口感豐富，貫徹泰國人口味。邢泰記會將秘製豉油另上，方便顧客自行調較。

邢泰記 @Saranrom 地下分為兩部分，分別是前舖用餐區及後舖一個打造成花園的地方，風格截然不同但同樣值得拍照留念。前舖利用藍黑色馬賽克地磚鋪成，配襯木質裝飾櫃及奶油色牆身，充滿歷久常新的泰式風情；後舖採用挑高樓底及引用自然光，營造半戶外的綠化感覺，令人可以放鬆地享用美食。二樓除了是用餐區，牆身畫有不同分店的地圖及外觀，更貼滿有關邢泰記的報道，可以看到他們的威水史。

至於食物及飲品十分多元化，除了主打的泰式，更有中式、西式及越式等，種類超過一百款。很多人以為邢泰記只是早餐店，其實他們亦有不同主食類，所以任何時間來到都可以吃到滿滿的地道風味，來到曼谷舊城區遊覽千萬不要錯過！

ขนมจีบหมู (Chinese steamed pork dumpling，豬肉燒賣 ฿130)

一份有六粒，大小跟酒樓燒賣差不多。以豬肉為主要餡料，質感十分彈牙實在。點餐後店員會在燒賣上灑上炸蒜，味道更香口。此外會配上一小碟喼汁，喜歡酸味的朋友可以醮上。

เต้าหู้ปลา (Fish Tofu，香煎魚腐 ฿55)

一份有五粒，呈正立方體。雖然是平常打邊爐會吃到的火鍋魚腐，但經過煎製後金黃可口，配上泰式甜辣醬是不錯的餐前小食。

โอวัลตินร้อน (Hot ovaltine，熱阿華田 ฿70)

相信熱阿華田大家都喝過，但喝完再配上熱茶又有沒有試過？邢泰記的熱飲均會配上一隻小小的中式茶杯，讓顧客自行在電熱壺斟茶，在清清口腔甜味之餘還可以嘆一嘆茶。

店內仍然保持泰式傳統，高掛着泰國九世王普密蓬及詩麗吉王后的照片，加上古老木製時鐘，恍如回到昔日的感覺。

地下後舖的半戶外位置。

2023年9月 OPEN

Durian Papa Durian Cafe

地 Maharaj - Tha Tien, Khwaeng Phra Borom Maha Ratchawang, Khet Phra Nakhon, Bangkok 10200

時 週一至四 10:00~20:00
週五六日 10:00~21:00

交 由 Central Pier 搭船至 Tha Maharaj 碼頭或從 MRT Blue Line Sanam Chai 站步行約 20 分鐘

บิงซูหม้อไฟทุเรียน (Volcano Durian Bingsu，火山榴槤綿綿冰火鍋 ฿555)

每次出場都吸引到全場目光的一道甜品！榴槤綿綿冰以經典的泰式火鍋盛載，並在中空部分放置乾冰營造煙霧效果！鍋內放有榴槤雪糕、榴槤綿綿冰、糯米飯等，最重點當然是鋪在上面的榴槤肉，吃之前可以先淋上椰汁，微鹹的味道更能帶出榴槤的甜味，簡直榴槤忘返！

榴槤貴為果王，支持者無不趨之若鶩，來到泰國又怎能不吃榴槤呢？Durian Papa 榴槤咖啡店位於 Tha Maharaj 碼頭市集，由 90 後老闆 Win 一手一腳設計，從店舖裝飾到卡通吉祥物造型都是他的心血，而店名「Papa」除了發音易記，更是向果王致敬！

雖然 Durian Papa 定位為榴槤咖啡店，但其實他們有不少非榴槤類的鹹食，例如泰式涼拌沙律、意粉及薯條雞翼等；甜品及飲品方面則有泰式奶茶沙冰、水果梳打等，一次過滿足吃與不吃榴槤的朋友！

店舖以黃色及綠色作主色，帶出清新及年輕的感覺。其中的兩張圓枱卡位更受不少顧客青睞，因為牆上寫有 "Enjoy Durian As a King"，甚為特別。

ลาเต้ทุเรียน
(Iced Durian Latte，榴槤咖啡 ฿175)

泰國人喜歡喝咖啡人所共知，每天至少喝一杯。將榴槤搭配咖啡，令本身已經口感順滑的咖啡多添一種味道。最值得一提是每杯榴槤咖啡都有一塊榴槤肉，實行有得飲有得食，雙重享受！

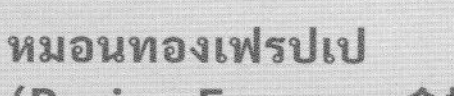

หมอนทองเฟรปเป
(Durian Frappe，金枕頭榴槤沙冰 ฿145)

沙冰質感非常順滑，沒有粒粒的冰渣；榴槤味道與奶味配搭均勻，不會過甜，炎炎夏日喝一杯真的會立即消暑。同樣每杯金枕頭榴槤沙冰都有一塊榴槤肉，令味道及口感更加提升！

พิซซ่าทุเรียน
(Pizza De Durian，榴槤薄餅 ฿285)

你們有沒有想過作為水果的榴槤可以放在薄餅上？吃完不得不說原來是如此的搭，口感一絕。薄餅的麵糰是店家自行反覆調配，十分鬆軟可口，配上烤焗過的榴槤及芝士，味道鹹鹹甜甜，完全不遜於傳統薄餅。

如果喜歡他們的吉祥物，收銀處旁邊的榴槤造型層架有售賣鎖匙扣及明信片等精品。

如果趕時間只是匆匆經過，都不要錯過他們的水果造型雪條及其他預先包裝好的手信商品。

年紀輕輕的店主。

第一次來泰國的朋友，多數會把參觀曼谷大皇宮納入行程內吧！在曼谷四季如夏的天氣，有一個地方實在是福音的存在，這裏就是 Na Phra Lan Tunnel。這條地下通道位於曼谷大皇宮建築群附近，在皇家田廣場的部分地底。

Na Phra Lan Tunnel 共有四個出入口，包括 Gate 1 สนามหลวง Sanam Luang（皇家田廣場）、Gate 2 กรมศิลปากร Fine Arts Department（泰國藝術局，設升降機）、Gate 3 ศาลหลักเมืองกรุงเทพมหานคร The City Pillar Shrine（國柱神廟），及 Gate 4 พระบรมมหาราชวัง The Grand Palace（曼谷大皇宮）。

2023 年 1 月 OPEN

Na Phra Lan Tunnel

地 Na Phra Lan Rd, Khwaeng Phra Borom Maha Ratchawang, Khet Phra Nakhon, Bangkok 10200

時 08:00~18:00

交 由 Central Pier 搭船至 Tha Chang 碼頭步行約 5 分鐘

為了有效引導人流動線，泰國政府在設計上花了不少心思，在主要動線的通道上採用藍色的仿古拼花地磚，除了有實際功用，亦非常值得拍照打卡。

除了疏導人流及提供便利設施，地下通道的牆身掛有區內的歷史照片，可以從中汲取歷史知識，了解曼谷在不同時期的變化。此外這裏更有一幅黑白全景地圖，並以不同顏色標示區內重點寺廟、值得參觀的地方等，泰英對照的設計方便遊客搜尋並計劃行程。

泰國政府在疫情期間密鑼緊鼓興建這條地下通道，旨在疏導大量訪泰及參觀曼谷大皇宮的遊客，並提供一個有空調的休憩空間。這裏樓底十分高挑，用色很明亮，沒有壓迫感。全部出入口都設有電梯，部分出入口更設升降機，照顧到行動不便的人士。

地下通道除了提供大量座椅，更貼心設有男女洗手間，並有清潔工定時進行清潔確保衞生。

2022 年 6 月 OPEN

IM En Ville
อิ่มในเมือง

印刷工場都可以改造成咖啡店？IM En Ville 是一間集合了不同品牌的餐廳，分成多個部分：下層是 Café ÌM 咖啡店，上層則是 59 ÌM Modern Bistro 精緻美食餐廳等。為了方便顧客，無論在哪一層都可以一次過點餐，同時享用咖啡及餐廳的精美食物。

地 59 Fueang Nakhon Rd, Khwaeng Wat Ratchabophit, Khet Phra Nakhon, Bangkok 10200

時 **Café ÌM Dessert & Bar**

週一、二、四至日 09:00~18:00

59 IM Modern Bistro

週一、二、四 11:30~21:30

週五 11:30~22:30

週六日 09:00~22:30

休 週三

交 MRT Blue Line **Sam Yot 站** 3 號出口步行約 10 分鐘

IM En Ville 沒有太大的翻新，依然保留充滿歷史痕跡的印刷工場設計，水泥牆身也維持原貌，建築內部則以木材為主。在新設計元素方面，為配合原址是一家印刷工場，所以在入口一邊的牆身以打字機按鈕風格設計，切合主題之餘亦適合拍照。

店外的一幅牆畫有沉思者雕塑的塗鴉，不少顧客都會在這裏打卡。想效果特別一點可以連同紅色斑馬線一同拍照，但是要小心車輛駛過！

Tomato Salad（番茄沙律配芝士 ฿310）

泰國天氣炎熱，很適合吃冷盤消一消暑！這道沙律的番茄味道鮮甜，配上煙韌的水牛芝士和脆脆麵包粒，非常開胃，是可以喚醒味蕾的前菜。

其中一個角落的梳化位可以透過玻璃看到外面 19 世紀的拉查波比托佛寺，形成強烈的時空對比效果。

Egg Benedict（招牌班尼迪蛋 ฿289）

淋滿醬汁的班尼迪蛋賣相十分吸引，醬汁底下隱藏着菠菜、三文魚及墊底的麵包等。最特別是三文魚經過特別烹製，魚肉呈現紫色，鮮味亦得以保存。墊底的麵包經過烘焗，外脆內軟，配合蛋汁令味道更為豐富。

Breakfast Croissant（滑蛋煙肉牛角包 ฿279）
在大大個牛角包中夾着炒滑蛋和煙肉蘑菇等配料，一口咬下去會同時吃到滑捋捋的炒蛋及酥脆的牛角包，十分滿足，所以一定要趁熱食，放涼了味道會大打折扣。

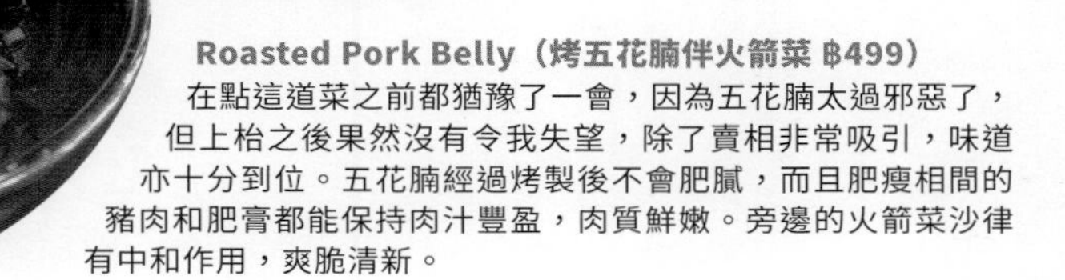

Roasted Pork Belly（烤五花腩伴火箭菜 ฿499）
在點這道菜之前都猶豫了一會，因為五花腩太過邪惡了，但上枱之後果然沒有令我失望，除了賣相非常吸引，味道亦十分到位。五花腩經過烤製後不會肥膩，而且肥瘦相間的豬肉和肥膏都能保持肉汁豐盈，肉質鮮嫩。旁邊的火箭菜沙律有中和作用，爽脆清新。

Spaghetti Aglio（蒜蓉香辣意粉 ฿299）
意粉爽口彈牙，調味以蒜香奶油汁為主，配上芝士碎口感綿密；意粉上灑有少量辣椒粉，微微辣味令整道菜式十分開胃，但不會太刺激，相信不能吃辣的朋友都會吃得到。

Im Iced Espresso（招牌凍咖啡 ฿125）

Twinning Tea Cup Carmomile（熱洋甘菊茶 ฿110）

Classic Waffle Fried Chicken & Fried Egg（炸雞太陽蛋窩夫 ฿359）
這個菜式對我來說十分新穎，因為我是第一次吃窩夫配炸雞！在充滿麵粉香和蛋香的窩夫上放有炸雞扒及半熟太陽蛋，吃之前淋上微甜的楓糖醬，味道很有層次。整體口感鹹甜酥脆，配上流心蛋汁令味道更昇華，非常值得一試。

IM En Ville 下層一隅售賣 Good Goods 品牌的產品，以可持續發展為概念。想買特色手信給朋友，在這裏應該會尋到寶。

2023 年 7 月 RENOVATE

Rattanakosin Exhibition Hall

泰國（舊稱暹羅）是東南亞中唯一沒有被殖民的國家，歷史故事源遠流長，充滿濃厚的文化色彩。如果對泰國歷史文化有興趣，或是需要久候附近米芝蓮得獎店 Raan Jay Fai 入座的朋友，不妨到 Rattanakosin Exhibition Hall 參觀，展覽館位於曼谷舊城區，距離 MRT 車站 15 分鐘步程，與 Raan Jay Fai 只有 7 分鐘的步行距離。

今次我選擇了路線二，原因是值得打卡拍照的地方會較多，亦能根據時序明白泰國歷史，以及了解拉瑪一世至現今拉瑪十世，每位泰國國王的豐功偉績。

地 100 Ratchadamnoen Klang Rd, Khwaeng Wat Bowon Niwet, Khet Phra Nakhon, Bangkok 10200

時 週二至日 09:00~17:00

休 週一

交 MRT Blue Line Sam Yot 站 1 號出口步行約 15 分鐘

觀景台位於展覽館四樓，無論參觀哪一條路線都會以這裏作為終點。可以看到鄰近一望無際的景色，包括被譽為「金屬城堡」的王孫寺，以及位於人造山上著名的金山寺。觀景台設有冷氣，可以慢慢在這裏休息及拍照，再回到地下完成遊覽行程。

第一間銀行

แบงก์สยามกัมมาจล ท.จ.ก. 是泰國匯商銀行 Siam Commercial Bank 的前身，創於拉瑪五世時期，裏面擺有一板板的硬幣盤，可以讓參觀者穿越回到古時的銀行。

Rattanakosin Exhibition Hall 大堂有一道大型 LED 牆，畫面會按照真實日照時間而有所改變，當中更藏有感應器，只要揮手就有很多雀鳥飛出，十分有趣。

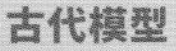

古代模型

導賞路線二的第一個觀賞點，以模型深入淺出介紹古代泰國人的一生，由出生、成長、成家立室到最後的古代殯葬儀式。模型造工非常仔細，宜細心欣賞。

為了提高參觀者的觀賞體驗，展覽館於 2023 年上半年翻新了外牆，令外觀更為整潔。門票售價有區分為泰國人及外國人，後者票價一律 ฿100。每 15 分鐘有一輪導賞，並設兩條路線：**路線一共有七個展廳，內容以文化為主；路線二有兩個展廳，內容着重歷史方面**。兩條路線的導賞時間均約為兩小時，有泰文及英文導賞員導賞（視乎該輪參觀者作出安排）。

不同打卡點

這裏是我認為行程中最精彩、最值得打卡的地方！因為模擬店舖比較集中，包括古早咖啡店、雜誌店、理髮店等，充滿舊日色彩。雖然可以坐低影相，惟道具不能拿起拍照。唯一可以使用的就是古舊的唱機，現時仍可以使用，所播放的歌曲亦耳熟能詳，例如 Elvis Presley 的經典歌曲。

展覽館地面層設有咖啡店及紀念品店，要補充咖啡因或喜歡收集紀念品的朋友不妨多花時間停留。

藥店

展廳有一間模擬泰式草藥店，展示用以碾碎草藥的傳統石碾。不要以為模擬重塑，在現實就是消失了的地方，原來這間草藥店仍然營業，出售傳統藥草產品。它同樣位於舊城區的 บำรุงชาติสาสนายาไทย，在著名地標大鞦韆附近。大家參觀完展覽館，不妨像我一樣再步行約 12 分鐘，去朝聖一下本店。

地 9 Soi Thesa, Khwaeng Wat Ratchabophit, Khet Phra Nakhon, Bangkok 10200

Ong Ang Walking Street

建議來遊覽的時間是下午五點後，因為商家開始陸續營業，而且可以慢慢迎接黃昏的景色，欣賞到不同時間的 Ong Ang Walking Street。

Ong Ang Walking Street 是位於 Saphan Han 兩側的步行街，歷史源遠流長，可以追溯到拉瑪一世的時候，泰王為了便利國民而打造出小運河 Khlong Ong Ang，但經過百多年來的發展及僭建而變得凌亂不堪。有見及此，曼谷市政府於 2015 年決定改建成步行街，最終在 2020 年獲得聯合國人居署頒發「亞洲都市景觀獎」的殊榮。

Khlong Ong Ang 河道兩旁景色。

地 Ong Ang Walking Street, Khwaeng Wang Burapha Phirom, Phra Nakhon, Bangkok 10200

時 週五六日 16:00~22:00（因店而異）

交 MRT Blue Line **Sam Yot 站** 1 號出口步行約 5 分鐘

河道兩側有不少泰國藝術家的塗鴉，更擺放了三輪人力車作為打卡道具，吸引遊客拍照。

如果想吃得講究和坐得舒服一點，步行街不乏堂食餐廳，例如Mama Restaurant Bangkok 北印度菜餐廳，已經在這裏經營多年。

แกงจืดเต้าหู้หมูสับ (Clear soup with tofu and minced pork，玉子豆腐豬肉清湯 ฿80)
泰國人家傳戶曉的住家滾湯，材料簡單但香氣十足，以玉子豆腐及豬肉碎為主要材料，並以唐芹帶出香氣，用來拌飯很不錯。

步行街兩側集合了不同菜式的餐廳及小食店，例如有潮州韭菜粿、泰式燒豬肉丸、中式糖水等，多數以家庭式小店經營，甚有泰式人情味。為了吸引顧客，他們多數把廚房搬到店面，利用香味作招徠，當中最有鑊氣的莫過於炒金邊粉和炸物類食物。

เนื้อทอด (Fried meat，檸檬葉炸牛肉配椰菜絲 ฿100)
牛肉切得細塊，經油炸後很脆口，味道也很濃郁。配上生椰菜絲及泰式甜辣醬一同享用，是充滿泰國地道風味的吃法。

กะเพราไก่ (Chicken holy basil，泰式羅勒葉炒雞肉 ฿80)
雖然是泰國常見的家常菜式，但這間店的調味十分出色，鹹和辣十分平衡。我最欣賞的是羅勒葉經爆炒後香味完全被釋出，每件雞肉都沾上濃濃的羅勒葉味道，咀嚼羅勒葉也齒頰留香。由於味道較濃較辣，不能吃辣的朋友記得點餐時說明。

เบียร์ช้าง (Beer Chang，泰象啤 ฿75)

如果在河道沿路上看到有中式畫風的塗鴉不要錯過，因為這裏其實是一間旅館，名為 "Ama Hostel"，由中式舊大宅改建而成。小巷的紅燈籠在晚上甚有氣氛，吸引不少泰國人及遊客前來拍照。

來自瑞士的遊客也對這裏讚嘆不已，更邀請我為他們拍照留念。

約 2022 年 2 月 OPEN

Medium Rare Tha Tian

泰國小店到處都是，但小到連招牌都沒有倒不常見。據說 Medium Rare 本來甚至沒有名字，是聽食客建議才取。最初他們在篤篤車上燒肉，疫情過去，街上回復人流，他們就搬到舖內燒烤，但仍然在門外留着堆滿紅酒瓶的篤篤，吸引不少食客朝聖。

地 310 Maha Rat Road, Khwaeng Phra Borom Maha Ratchawang, Khet Phra Nakhon, Bangkok 10200

時 16:00~00:00

交 由 Central Pier 乘船至 Tha Tian 碼頭或 MRT Blue Line Sanam Chai 站 2 號出口步行約 10 分鐘

เนื้อย่าง (Roast Beef – M，燒牛肉 – 中 ฿200)
燒牛肉是 Medium Rare 比較貴的菜式，但上桌後就知道物超所值，因為分量足夠二至三人吃。雖然牛肉燒得比較熟，肉質有點韌，但蘸上海鹽之後令油脂味道更香，整體不俗。另外附上東北沾醬 Nam Jim Jeaw（酸辣醬），同樣能帶出牛肉本身味道。

雖然沒有招牌，來到後要辨認店面也不難 —— 在臥佛寺對面，門外泊着堆滿紅酒瓶的篤篤就見。

今次已經是第二次來到 Medium Rare，第一次下午六點左右來到，門外已經排起長長人龍，挑戰失敗。今次準時四點來到，可以吃到頭圍，吃完之時門外已經要排隊！想朝聖又不想等候的朋友記得早點來到！

來自泰國東北的老闆做過不少工作，疫情期間轉行做篤篤車司機，但生意未如理想。機緣巧合加上賢內助煮得一手好菜下，就在現舖前以篤篤車為店，在車上售賣燒肉，及後慢慢發展到入舖。

Medium Rare 菜式多元，除了燒牛肉，還有多款泰國經典菜式，例如冬蔭功、木瓜沙律、涼拌菜等，價錢十分相宜，฿50 起已有交易。雖然菜式十分地道平民，但吸引不少外國遊客慕名而來，所以特別準備英文餐牌，讓不懂泰文的顧客都能吃到他們的菜式。

ส้มตำไทย（Thai Papaya Salad，泰式木瓜沙律 ฿50）

木瓜沙律是泰國最常見菜式，今次我選擇一般中部風格的調味，配料有蝦乾、花生及番茄，味道較為簡單及容易接受。如果口味重，不妨嘗試其他口味，例如加入蟹仔及醃魚醬的東北風格ส้มตำปูจืด-ปลาร้า（Som tam pu cud pla ra）！

ลวกจิ้มหมู（白灼豬肉配特製醬汁 ฿70）

賣相非常普通，但味道不錯。豬肉片白灼後保持到新鮮豬肉肉汁，肉質不會死實，吃得出不是一般雪藏肉。伴碟醬汁是整道菜的靈魂，有鹹香的魚露及辣椒味，體驗出新鮮食材只需簡單調味料已經能成為一道菜式。

หมูมะนาว（青檸檬豬肉 ฿70）

非常開胃的涼拌菜，熟豬肉片及椰菜絲以青檸汁調味，加上青紅辣椒，味道酸酸辣辣，適合餐前吃。不能吃辣的朋友記得點餐時提出！

MAP

❶ Bees Things & Flowers ❷ Ice Cream LABS ❸ ThaiHand Massage Workshop
❹ Rabbit Hill 兔山酒棧 ❺ Yuenan 越南

Pom Prap Sattru Phai

邦巴沙都拍縣

邦巴沙都拍縣屬於舊城區，沒有過度的現代化發展，走上街頭不難發現充滿歷史色彩，彷彿時光倒流。鄰近石龍軍路的一邊有中式佛寺——龍蓮寺，每逢農曆新年等節日都會吸引不少信眾參拜，地鐵 Wat Mangkon 站就是以這座佛寺命名。

其他著名地標如 63 米高的金山寺人造山亦位於縣內，能俯瞰舊城區的獨特景色，值得登山用另一角度觀賞不一樣的曼谷。

金山寺

區內風景

交通方式

MRT ----- Blue Line -----▶ Sam Yot / Wat Mangkon / Hua Lamphong 站

2023 年 3 月 OPEN

Bees Things & Flowers

曼谷舊城區的建築從過去到今天，一直維持當年獨特面貌，略帶殖民色彩的歐式建築更是時下年輕人喜歡的風格。Bees Things & Flowers 酒吧坐落在 1929 年建成的歐式建築 Ban Maitrichit，位於兩條馬路的匯合處，能居高臨下俯瞰舊城區市景，一開業就吸引有品味的年輕人來朝聖。

地 3/F, 482 Maitri Chit Road, Khwaeng Pom Prap, Khet Pom Prap Sattru Phai, Bangkok 10100
時 17:00~00:00
休 週一
交 MRT Blue Line Hua Lamphong 站 3 號出口步行約 3 分鐘

露台風景可以看到舊城區和後面高樓大廈的對比，是曼谷特別誘人的風景。

建築沒有電梯，拾級而上時，彷彿穿越到〈華燈初上〉的年代，梯間甚有特色，途中亦會經過 2 樓的 Maithé 咖啡店。

สลัดเนื้อย่างแจ่วแตงกวาญี่ปุ่น (Grilled Beef Salad with Jaew Sauce，東北汁烤牛肉沙律配日本青瓜 ฿270)

雖然 BTF 是間酒吧，但食物味道不輸餐廳。烤牛肉沙律配料充足，配上東北汁 Nam Jim Jaew，口味地道。牛肉烤得焦香可口，與爽脆青瓜形成對比。

位於 3 樓的 BTF 室內環境幽靜，彩色玻璃和爵士樂都賦予一點異國風情，配上淡黃燈光，輕鬆自在，黃昏時間來還可以欣賞到日落美景。點杯飲料及小食慢用，十分愜意。

ทาร์ตทรัฟเฟิลมาโยและกุ้งปาปริก้า (Truffle Mayo Tart with Grilled Shrimp，松露蛋黃醬燒蝦撻 ฿280)

燒蝦撻一份只有三隻，分量略嫌較少，但味道令人喜出望外。蛋黃醬充滿濃郁松露味，與香草十分匹配。蝦肉爽脆新鮮，一口吃下很滿足。

ยำเม็ดมะม่วงหิมพานต์ทอด (Spicy & Sour Cashew Nuts，涼拌酸辣腰果 ฿150)

與平常吃到的鹽味腰果不同，加入洋葱、辣椒及鹽調味，烘得硬脆的腰果帶酸辣很惹味，適合用來下酒。

Whisky Sour (威士忌酸酒 ฿420)

威士忌及酸味恰到好處，不會過酸。

Virgin Mojito (無酒精莫希托 ฿190)

薄荷味清爽，清新脫俗。

為了不破壞建築外觀，酒吧招牌都較細，路過不抬頭真的難以察覺。

2022 年 9 月 OPEN

Ice Cream LABS

食雪糕不只是小朋友專利，在曼谷都有成人向雪糕店。Ice Cream LABS 位於曼谷唐人街舊城區，是混合雪糕及雞尾酒概念的專賣店。外觀其貌不揚，前身是擁有多年歷史的薛志乾藥行。雪糕店遷入後仍保持傳統外觀，只在原有裝潢添上塗鴉及霓虹燈，在反差之下更顯型格。

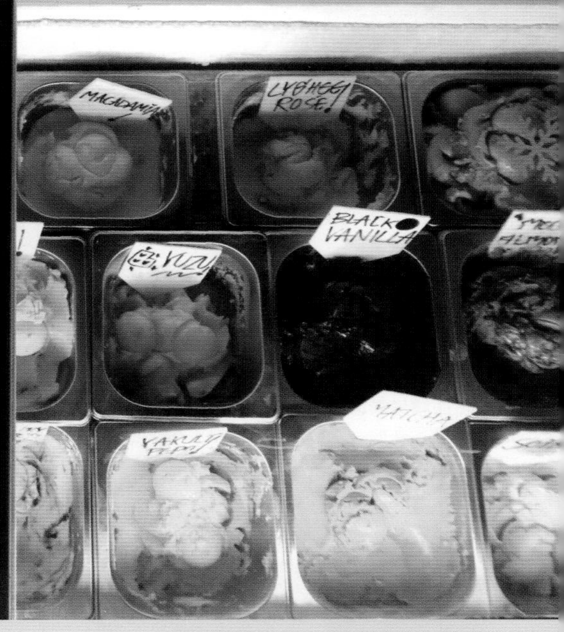

地 84 Soi Nana, Khwaeng Pom Prap, Khet Pom Prap Sattru Phai, Bangkok 10100

時 週一至五 14:00~23:00
週六日 12:00~23:00

交 MRT Blue Line **Hua Lamphong 站** 3 號出口步行約 6 分鐘

雪糕球（一球 ฿79 / 兩球 ฿129）
雪糕球有多種口味，特別如鮮果、甜品，甚至是啤酒。想試有泰國特色的，不要錯過 Rummitr Coconut。

Choco Croffle Charcoal（雙重朱古力雪糕配牛角酥窩夫 ฿180）
雪糕可選兩種味道，店員推介 Black Vanilla，在雲呢拿中加入竹碳。另一球選了 Chocolate Banana。裝飾的牛角酥窩夫及朱古力波波都十分脆口。

Ice Cream LABS 菜單分多個系列，如雪糕新地、梳打飲品及特調雞尾酒等。晚間店舖會調暗燈光，以霓虹燈裝飾照明，一入店會被發光雪糕櫃及酒櫃吸引。雪糕有多達二十種口味，特別節日如九皇齋節更會有素食版本。

Popcorn Caramel Milkshake（焦糖爆谷奶昔 ฿189）
造型震撼視覺，高身玻璃杯上滿佈香脆爆谷及焦糖醬。奶昔混和焦糖醬味道恰到好處，奶香及焦糖味道平衡，質感不膩。

LABS 面積不大，但裝飾品琳瑯滿目，迷你大衛像、牆身塗鴉及掛畫都有不少支持者。為增添樂趣，店主放了一部小型扭蛋機，可用 ฿50 去抽取可愛的鎖匙扣或扣針。

整座傳統建築最令人印象深刻是 2 樓洗手間，要爬上一條沒有扶手和護欄的樓梯，2 樓更以疏孔網作地板，可以直望地下，十分驚險。

2022 年 11 月 OPEN

ThaiHand Massage Workshop

按摩向來是遊客來到泰國必做之事，原來還可以上簡單的按摩課程，回家後替自己或家人朋友按都沒有難度。位於 I'm Chinatown 商場的 ThaiHand Massage Workshop 就是曼谷其中一個深受遊客歡迎的按摩工作坊，只需三小時就學到正宗手法。

地 531 Charoen Krung Road, Khwaeng Pom Prap, Khet Pom Prap Sattru Phai, Bangkok 10100

時 10:00~21:00

網 www.thaihandmassage.com/workshop

交 MRT Blue Line **Wat Mangkon 站** 1 號出口步行約 2 分鐘

- **Hands-on Authentic Thai Massage Workshop**
  按摩工作坊（180 分鐘）每人 ฿2000
- **Herbal Compress Massage Workshop**
  草藥球工作坊（90 分鐘）每人 ฿1600

工作坊分四個部分，包括泰國按摩歷史、學習按摩手法、製作按摩草藥球及實習。每個部分都以英語講解，簡單易明。

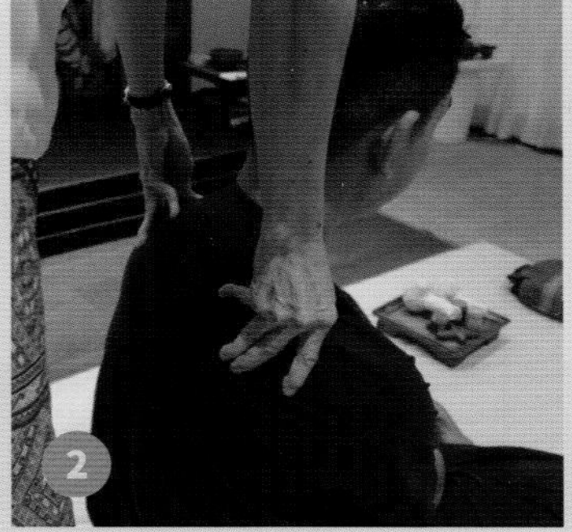

1 講解歷史

不說都不知道，原來泰式按摩源自二千多年前，由佛陀的神醫 Jivaka 發源。導師講解生動，深入淺出，不會悶到打瞌睡。

2 學習按摩手法

學習按摩手法是課程的重頭戲。導師先展示手法，講解按摩重點及強調一些禁忌部位，確保學習安全。除自我按摩，也有與同儕互相練習環節，所以不妨與朋友兩人一組參加。只有一人的話，導師可作練習拍檔，令每個學生都不會錯過悉心指點。

3 製作按摩草藥球

製作草藥球是最考驗手工的環節。平常看到的草藥球原來是人手逐個製成的，將薑黃、檸檬草、生薑等泰式藥材攪拌，再放到棉布上包紮，要做到圓滾滾一點都不易。

4 實習

實習時除了複習按摩手勢，導師亦會將預先準備好的草藥球蒸熱，學生可即場體驗。同時亦可品嚐熱茶及點心，在這個舒適的氛圍下完成三小時按摩工作坊。

工作坊包含按摩手冊，讓學生回去後練習，課堂上親手製作的草藥球亦可帶回家。完成課堂後，導師會頒發紀念證書。

工作坊大廳有獨立儲物櫃，更衣後可將隨身物品鎖到櫃內。

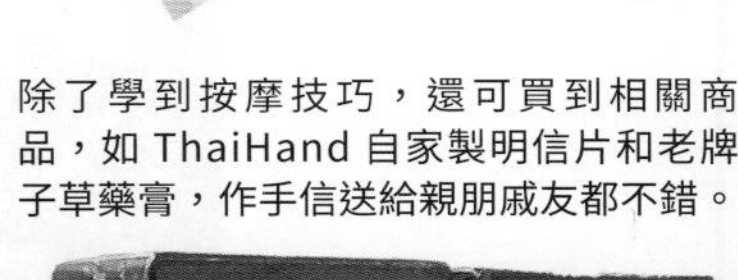

除了學到按摩技巧，還可買到相關商品，如 ThaiHand 自家製明信片和老牌子草藥膏，作手信送給親朋戚友都不錯。

與導師 Kru Yu 合照。

2022 年 2 月 REOPEN

Rabbit Hill 兔山酒棧

唐人街周邊有不少隱世地方，如滄海遺珠，是不少本地年輕人的聚腳點，Rabbit Hill 兔山酒棧就是其中一間不能錯過的酒吧。兔山外觀十分低調，只用紅色大門、功夫椅及中式招牌作店面，與一般燈紅酒綠的酒吧迥然不同。

地 1 Santiphap Road, Khwaeng Pom Prap, Khet Pom Prab Sattru Phai, Bangkok 10100

時 17:00~00:00

交 MRT Blue Line Wat Mangkon 站 1 號出口步行約 2 分鐘

酒吧有一幅以真人為藍本的手繪壁畫，滲出時光倒流的懷舊情懷。

Rabbit Beer IPL 330ml（฿290）
兔山沒有在啤酒加入冰塊，這杯 5.5% 酒精濃度的 IPL，偏向果香味，微甜，容易入口。

Rabbit Beer wheat 330ml (฿290)
散發麥芽香，餘韻長，味道較泰國本地著名啤酒濃。

兔山供應多種酒，除了泰國產的招牌 Rabbit Beer、日本 Shiga Kogen 等，還有香港的門神（Moonzen Brewery）支裝手工啤酒。除了美酒，兔山酒棧還有各種食物，以及每天有駐場樂隊現場表演。

ข้าวอบกุนเชียง (Chinese Sausage Clay Pot Rice，臘腸煲仔飯 ฿280)
泰式 fusion 煲仔飯，材料有臘腸片及半熟荷包蛋。帶黑椒的臘腸配泰式甜醬汁很惹味，戳破荷包蛋流心蛋黃令味道更豐富。兔山雖然沒有用傳統砂鍋，但飯底仍做到輕微焦香，很有驚喜。

兔山走中式風格，以大紅作主色，從天花、牆身到燈籠裝飾物無一例外，延續門外的中式風情。

2022 年 1 月 OPEN

Yuenan 越南

平常在泰國，除了吃泰菜，有時會吃越南菜。2022 年開業的正宗越南菜餐廳 Yuenan，名字簡單直接，就是越南的普通話拼音，十分易記。

地 64-66 Phaniang Road, Khwaeng Wat Sommanat, Khet Pom Prap Sattru Phai, Bangkok 10100

時 11:00~21:00

交 MRT Blue Line Sam Yot 站 1 號出口步行約 25 分鐘

GỎI CUỐN（Vietnamese Rice Paper Rolls，越南鮮春卷 ฿220）

包含三款越南米紙春卷：鮮蝦、扎肉及蛋皮。各有特色，但同樣爽口清新，蘸甜辣醬汁令味道更豐富。不要少看這三款春卷，吃完都挺飽肚。

NƯỚC MÍA（Orange-Sugarcane Juice，小青柑蔗汁 ฿120）

從來沒有想過蔗汁可以混合青柑汁一起喝！最欣賞是蔗汁、小青柑塊及冰塊三樣是分開上，可以自行調較味道。我是第一次嘗試這個組合，意想不到味道是如此夾，酸味稍為中和蔗汁甜到涸喉的感覺；整體味道十分清新開胃，適合餐前飲用。

Yuenan 內外都以紅黑兩色作主調，使用偏暖色燈光營造氛圍，黃昏至晚間在外面看鮮明出眾。餐廳身處的建築亦有一定歷史，前身是汽車用品店，接手翻新後仍保留內裏木建構，並將新設計以線條向上延伸至天花，整體充滿濃厚亞洲色彩。餐廳正門外有「越南座位」，歡迎客人等候期間拍照留念。

Yuenan 菜單除了照片配越南文、英文及泰文，還特別加上越南菜名的泰文拼音，方便本地人點餐，並加強泰國人對越南菜的印象。

GIÒ LỤA（Vietnamese Black Pepper Sausage，越南黑椒扎肉 ฿180）

越、泰兩者的扎肉稍有分別，越南扎肉粗度基本上是泰式的一倍，質感較厚實。扎肉吃起來黑椒味很香，與香脆的炸紅葱片很匹配，蘸伴碟的兩款醬料味道更好。

PHỞ BÒ（Vietnamese Noodle with Beef，越南牛肉河粉 ฿250）

吃 PHỞ 時看着牛肉被熱湯慢慢浸熟，有治癒感。大塊牛肉片有很重牛味，與清湯配搭天衣無縫。每碗牛肉河粉伴有配菜，包括金不換葉、生芽菜、小青柑及辣椒，按自己口味調配。

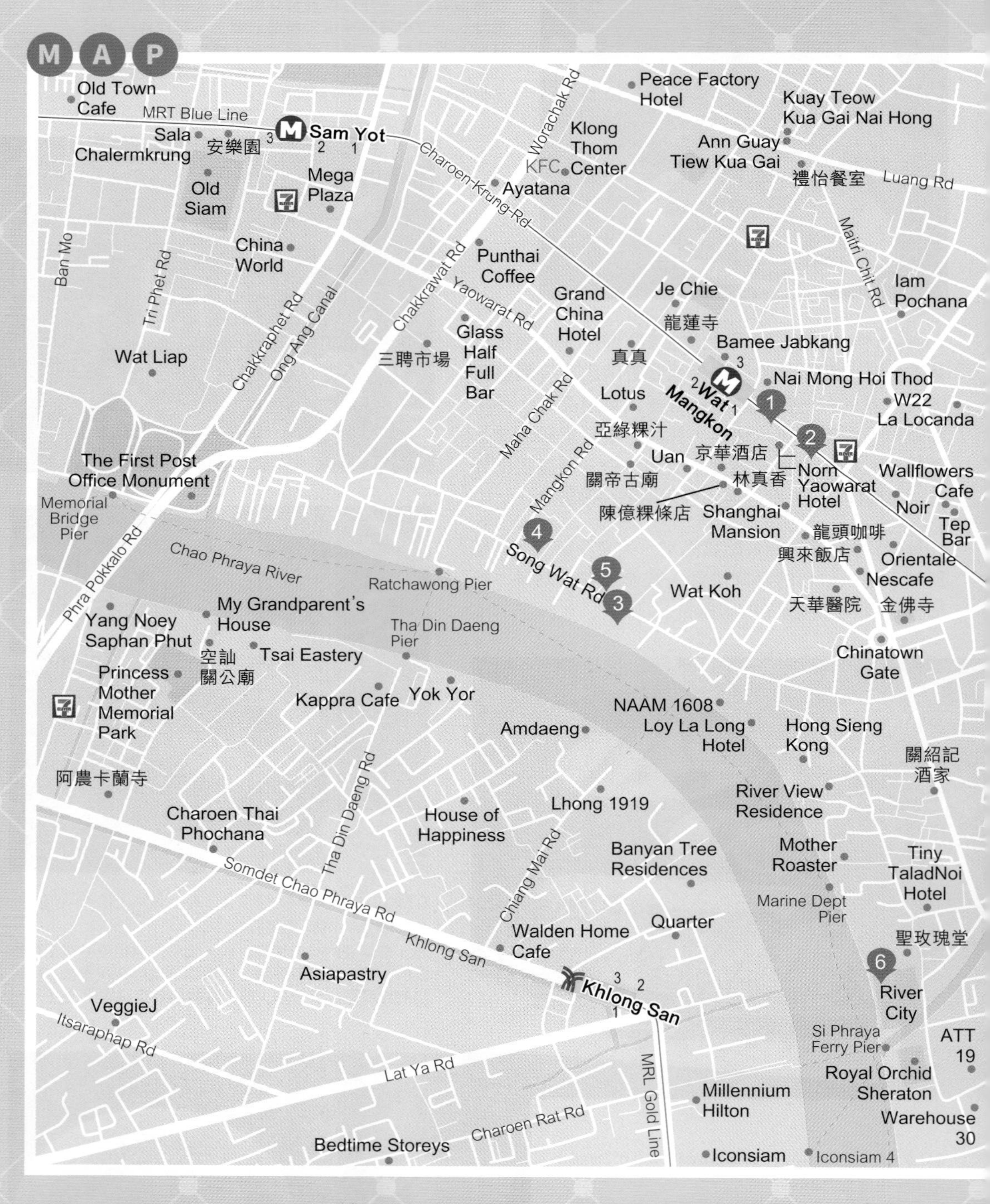

❶ Charm Noodle ❷ Ba Hao Tian Mi 八號甜蜜 ❸ 嵩越路（Song Wat Road）❹ LAB ega_bangkok ❺ Rong Klan Nuea 牛面王 ❻ Everyday Mookrata & Cafe

Samphanthawong
三攀他旺縣

三攀他旺縣是曼谷舊城區，單看名字可能會陌生，但提起曼谷唐人街耀華力路，沒來過都一定知道。著名的三聘市場、金佛寺，甚至是擁有歷史及文化遺產的 Talat Noi 區都屬此充滿傳統色彩的縣。

作為昭拍耶河流經的縣，三攀他旺可以望到美麗的河景，所以有不少餐廳及景點以河景為賣點，值得逐一發掘。

唐人街

交通方式

Central Pier – Sathorn（BTS Saphan Taksin 站 2 號出口）

船	Blue Flag →	Ratchawong Pier
船	Orange Flag →	Si Phraya Pier
MRT	Blue Line →	Wat Mangkon / Hua Lamphong 站

2023 年 1 月 OPEN

Charm Noodle

ชาม ก๋วยเตี๋ยวเส้นคลุก

一看商標的夾麵條圖案，就知道 Charm 是間粉麵店。在泰國多種粉麵煮法中，Charm 主打**乾拌碗米粉**，其獨特風格一開業就吸引不少顧客捧場。

Charm 裝潢走樸實懷舊風，牆身貼着古舊廣告海報，加上木製飾櫃，襯托着 Charm 所處建築，以及周邊氛圍。

ก๋วยเตี๋ยวเส้นคลุกเส้นเล็ก（Dark Soy Sauce Noodle，黑醬油乾拌麵 ฿75）

我選擇金邊粉乾拌麵，有韌性的麵質容易吸收黑醬油鹹甜味，但要盡快拌勻避免結成一團。拌麵配料豐富，包括豬肉丸、豬肉片、芽菜及炸雲吞皮等。最特別是每碗都加入少量花生碎及辣椒粉，味道微辣。每碗乾拌麵都會配上一碗清湯。

地 576 Charoen Krung Road, Khwaeng Samphanthawong, Khet Samphanthawong, Bangkok 10100

時 11:00~22:00

交 MRT Blue Line **Wat Mangkon 站** 1 號出口步行約 2 分鐘

"Charm" 在泰文解作「碗」，商標設計對應店名。由於店內沒有空調，加上開放式廚房，所以室內溫度高。

ขนมปังหน้าหมู (Pork On Toast，豬多士 ฿55)
即叫即炸豬多士，每塊都熱辣香脆，而且分量不少。伴碟酸菜可去油膩，亦清新開胃。

除了主打的乾拌碗米粉，Charm 都有其他湯粉麵，如清邁咖喱麵，適合偏好湯麵類的朋友。此外不乏小食和甜品，炸物即叫即炸，保證吃的時候香脆可口。

โรตีพองช็อค (Choc Choc Roti，朱古力炸薄餅 ฿50)
明火油炸而成，質感酥脆，與一般夜市見到的煎薄餅不同。即使淋上朱古力醬、煉奶及脆可可球，味道也不會過甜。

當日來到，雲吞皮剛新鮮炸好。

อัญชันมะนาว (Butterfly Pea，蝶豆花茶 ฿20)
味道濃淡適中，以冰杯盛載透心涼，清新解膩。

店員分工執碼和調味，提升速度。

Ba Hao Tian Mi
八號甜蜜

在唐人街區橫街的中式甜品店八號甜蜜，於 2023 年獲外賣平台 Grab 頒發 Thumbs Up Awards，表揚他 wvvw 女田們的出品質素。店鋪位於 Norn Yaowarat 酒店地面，門面仿中式拱門，環境特別成一大賣點。店內面積不大，只設吧枱，人數多可坐店外圓桌。當日來到剛播放葉玉卿歌曲〈擋不住的風情〉，讓我感覺親切。

地 8 Phadung Dao Road, Khwaeng Samphanthawong, Khet Samphanthawong, Bangkok 10100

時 11:00~22:00

交 MRT Blue Line **Wat Mangkon 站 1 號出口步行約 3 分鐘**

โทสต์ลูกพีชเชื่อมครีมชีส (Cream Peach Toast，忌廉芝士蜜桃多士 ฿168)

三款多士口味中的 Best Seller。儘管是罐頭桃肉，加上金箔後賣相不俗。忌廉餡質感綿密，與滑嫩的桃肉相襯，又不會過甜。多士即點即焗，表面略脆，蘸忌廉令味道更佳。

พุดดิ้งโกจิเบอรี่ (Goji Berry Pudding，枸杞布甸 ฿108)

以有養生功效的枸杞作點綴，布甸堅挺而不會過硬，黃豆味濃，與紙包豆奶味道相似，甜度適中，吃完不覺膩。

玻璃窗採用八號甜蜜的商標圖案，梅花外框配篆書店名。窗外可見 Norn Yaowarat 酒店。

店鋪不同角落都有 70 至 80 年代教科書的經典小學生插圖，在仿古設計中增添幽默感，其中地板設計最特別。

嵩越路
(Song Wat Road)

交通方式

船 ---- Ratchawong 碼頭

MRT ---Blue Line--- Wat Mangkon 站 1 號出口步行約 10 分鐘

嵩越路的歷史可以追溯到 1892 年，位於三攀他旺縣的三聘地區發生大火，時任泰王拉瑪五世朱拉隆功大帝有見及此，御筆設計道路，規劃與昭拍耶河大致平行的嵩越路。

雖然唐人街地區以耀華力路最聞名，嵩越路名氣稍遜，但在過去百多年間都擔當起重要角色。由於嵩越路位置鄰近昭拍耶河，曾為貨運樞紐，吸引不少華人定居，塑造出文化交融的獨有面貌。

文創品。

時至 21 世紀，嵩越路受新一代泰國人關注，注入年輕活力和藝術元素，街頭不難看到藝廊、咖啡店和大型塗鴉。社區更自行出版《Song Wat Guidebook》旅遊指南，設立“Made in Song Wat” Facebook 專頁，終重新走進泰國人眼中，並吸引不少外國遊客一睹新舊交融面貌，確是時下值得發掘的文藝好去處。

嵩越路街景。

畫廊。

LAB ega_ bangkok

อี-กา e-ga of bangkok

LAB ega_bangkok 位於充滿懷舊泰式風情的嵩越路，內裏裝潢卻大相逕庭，桌椅與餐具走復古歐陸風。從外表看不出 Ega 其實是泰國菜館，開放式廚房的櫥窗上印着“Thai Neighborhood Cooking”字眼，言簡意賅地表明 Ega 提供家常菜。

地 829 Song Wat Road, Khwaeng Chakkrawat, Khet Samphanthawong, Bangkok 10100

時 10:00~22:00

休 週三

交 MRT Blue Line Wat Mangkon 站 1 號出口步行約 10 分鐘

ยำวุ้นเส้น อี_กา (Rice noodles with spicy salad pork and shrimp，招牌涼拌粉絲 ฿220)

配料和顏色非常吸引，除了必備的蝦、豬肉碎和番茄，伴有花生和類似蕎頭的醃蒜頭。粉絲質感爽口，整體偏酸並稍辣，吃不慣重口味的朋友可要求少辣。

หมี่กรอบ อี_กา (Crispy noodle with chicken and shrimp，招牌鮮蝦脆麵 ฿220)

如泰國版肉絲炒麵，酸、甜、辣紛陳，質感脆脆亦加分。配料不只表面的原隻蝦，還有藏在脆麵之中的雞肉。若接受到吃生芽菜，可配脆麵一同吃，有雙重爽脆口感。

ไก่ผัดขิงของแม่ (Stir fried chicken with ginger，薑爆雞肉 ฿220)
薑的味道辛香不辣，雞肉帶有微微酒香，彷彿在吃薑酒煮雞，但加入冬菇和洋葱爆炒後，各種香味融為一體，適合用來伴飯。

Ega 以烏鴉為吉祥物，玻璃、牆壁，甚至衣服商品都不難找到牠的身影。烏鴉泰文為 นกกา (Nok ka)，與餐廳泰文名字 อี-กา 意思與讀音相符，主題鮮明出眾。

嵩越路近年進行活化，所以 Ega 寄售多種關於嵩越路的商品，如旅遊書及布袋等，讓客人加深認識周邊歷史。

หมูสามชั้น คั่วพริกเกลือ (Pork belly with salt and chilli，椒鹽五花腩 ฿240)
分量比想像中少，經過椒鹽爆炒，表面有煎封效果，脂肪多但不會肥膩，反而有咬勁。如果不怕肥胖，這道菜伴飯或伴酒都一流。

ขนมถ้วยกะทิสด (Thai coconut pudding，泰式椰汁布甸 ฿25 兩碟)
傳統泰國甜點，上層椰香幼滑，下層質感煙韌，有陣陣斑蘭葉香。最重要是價錢公道，而且跟足傳統，先放一碟在桌上，吃多少計多少。

餐廳地面有一部分是 A Pink Rabbit 咖啡店，有各式蛋糕、曲奇售賣。

未進店舖就已被門口的大燉鍋吸引着，自認是「牛魔王」的朋友，不要錯過燉牛肉麵專賣店 Rong Klan Nuea 牛面王。

2022 年 11 月 OPEN

Rong Klan Nuea
牛面王
โรงกลั่นเนื้อ

地 937-939 Song Wat Road, Khwaeng Samphanthawong, Khet Samphanthawong, Bangkok 10100

時 10:00~20:00

交 MRT Blue Line **Wat Mangkon 站** 1 號出口步行約 8 分鐘

ก๋วยเตี๋ยว เนื้อตุ๋น-คุ้มค่า
(Braised Beef Broth Noodle-Worthy，紅燒牛肉麵 ฿150)

菜單上寫着物有所值（Worthy），沒理由不試吧！光是賣相已令人食指大動，紅燒牛肉及我所選的蛋麵各佔半碗，足料對得起「物有所值」四字。湯底味道濃郁，帶中式藥材香味；牛肉、牛筋均燉得很軟，牛丸彈牙，全部牛味濃郁。

ก๋วยเตี๋ยวเล็กแห้ง + ปาท่องโก๋
(Dried Rice Noodles with Braised Beef and Pa Tong Go，米粉配紅燒牛肉 + 油條 ฿170)
雖然乾拌米粉沒有紅燒牛肉麵的濃湯，但上菜時仍可聞到濃濃牛肉味，配搭拌麵必備的炸蒜油，更香氣撲鼻。乾拌米粉配料同樣豐富，有牛肉、牛筋、牛舌及牛丸等，更可加配泰式油條一起吃。

在唐人街區不難看到中文字，牛面王店內牆身拼貼中文報紙，設計特別。店舖所在的嵩越路（Song Wat Road）是泰國五世王時期規劃出來，甚有傳統色彩。近年經過活化後，吸引外國遊客來感受不一樣的曼谷，有見及此，牛面王菜單都顧及遊客，有泰、英、中，甚至日文，方便遊客點餐。

ลิ้นตุ๋น
(Ox Tongue，燉牛舌 ฿80)
幾乎是入口即融，能吃到這種軟滑質感的牛舌，全歸功於店門口的大燉鍋。

ลำไย
(Longan Juice，龍眼汁 ฿45)
顏色深，味道濃，喝得出熬了很久，而且龍眼乾的分量亦不少。上桌時，要將果汁倒進冰杯，記得要小心把龍眼從膠樽內倒出來。

มะตูม
(Bael Juice，木橘汁 ฿45)
在泰國很常見，是泰式涼茶的一種，據說能幫助消化和改善腸胃功能。味道不會苦澀濃烈，反之清香甘甜易入口。

大燉鍋。

牛面王店舖原址是充滿歷史的糖廠「榮利棧」，雖然二樓不設座位，但店員樂意讓顧客上去參觀原糖廠空間。

在舊糖廠可透過鐵網往下望，切記鐵網範圍嚴禁踐踏。

2022 年 12 月 OPEN

Everyday Mookrata & Cafe

走中高檔路線的泰式燒肉店 Everyday，位於昭拍耶河沿岸的藝術中心 River City Bangkok 之內。整體裝潢十分精緻，內裏細分**泰式燒肉**和**咖啡店**兩區，在半露天環境可欣賞看不到盡頭的昭拍耶河，不時有船隻駛過帶起涼風，感覺輕鬆寫意。

地 23 Soi Luean Rit 1, Khwaeng Talat Noi, Khet Samphanthawong, Bangkok 10100

時 10:00~23:00

交 由 Central Pier 搭船至 Si Phraya 碼頭或 MRT Blue Line **Hua Lamphong** 站 1 號出口步行約 17 分鐘

ชุดกลาง (ชุดหมูรวม ซีฟู้ด + ชุดผัก)
(Thai style pork & seafood bbq set medium with vegetable set，豬肉海鮮蔬菜套餐 - 中 ฿499)

今次我選擇泰式燒肉，套餐分量非常足，點中份已夠二至三人享用。最欣賞是 ฿499 可以選擇純豬肉或豬肉拼海鮮，適合不同口味的朋友。套餐還配豐富的蔬菜碟，如通菜、粉絲等，可以吸收湯汁精華。

咖啡店區。

ช็อกมาร์ชเมลโล่
(Chocolate Marshmallow Ice Cream，朱古力棉花糖雪糕 ฿60)
泰國著名牌子 ètè，口味超過十種，價錢由 ฿60 至 ฿65 不等。質感幼滑，味道不會死甜。

โซดาขิง (Ginger Beer，薑啤 ฿100)
英國牌子 Fentimans 薑啤，只是 ฿100 一瓶，物超所值。

除了燒肉，還有不同熟食餐點如意粉及飯餐，對於希望欣賞美景又不想對着炭火爐燒肉的朋友，實在是一大福音。

Everyday 的飲品與餐點一樣多選擇，室內吧枱可點選各類特調雞尾酒或啤酒，特定日子還有現場樂隊表演。唯一要注意餐廳的一側鄰近碼頭，會有乘客上落船，建議挑選遠離碼頭的座位，避免用餐時被打擾。

อกไก่
(Chicken Breast，雞胸肉 ฿99)
不吃豬肉的話，可單點雞胸肉。雞胸肉經醃製後軟熟入味，即使燒得過火亦不會乾柴，仍保持肉汁。調味方面亦很到位，有芝麻及麻油香。

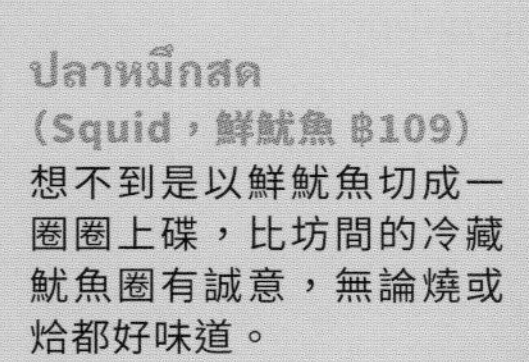

ปลาหมึกสด
(Squid，鮮魷魚 ฿109)
想不到是以鮮魷魚切成一圈圈上碟，比坊間的冷藏魷魚圈有誠意，無論燒或焓都好味道。

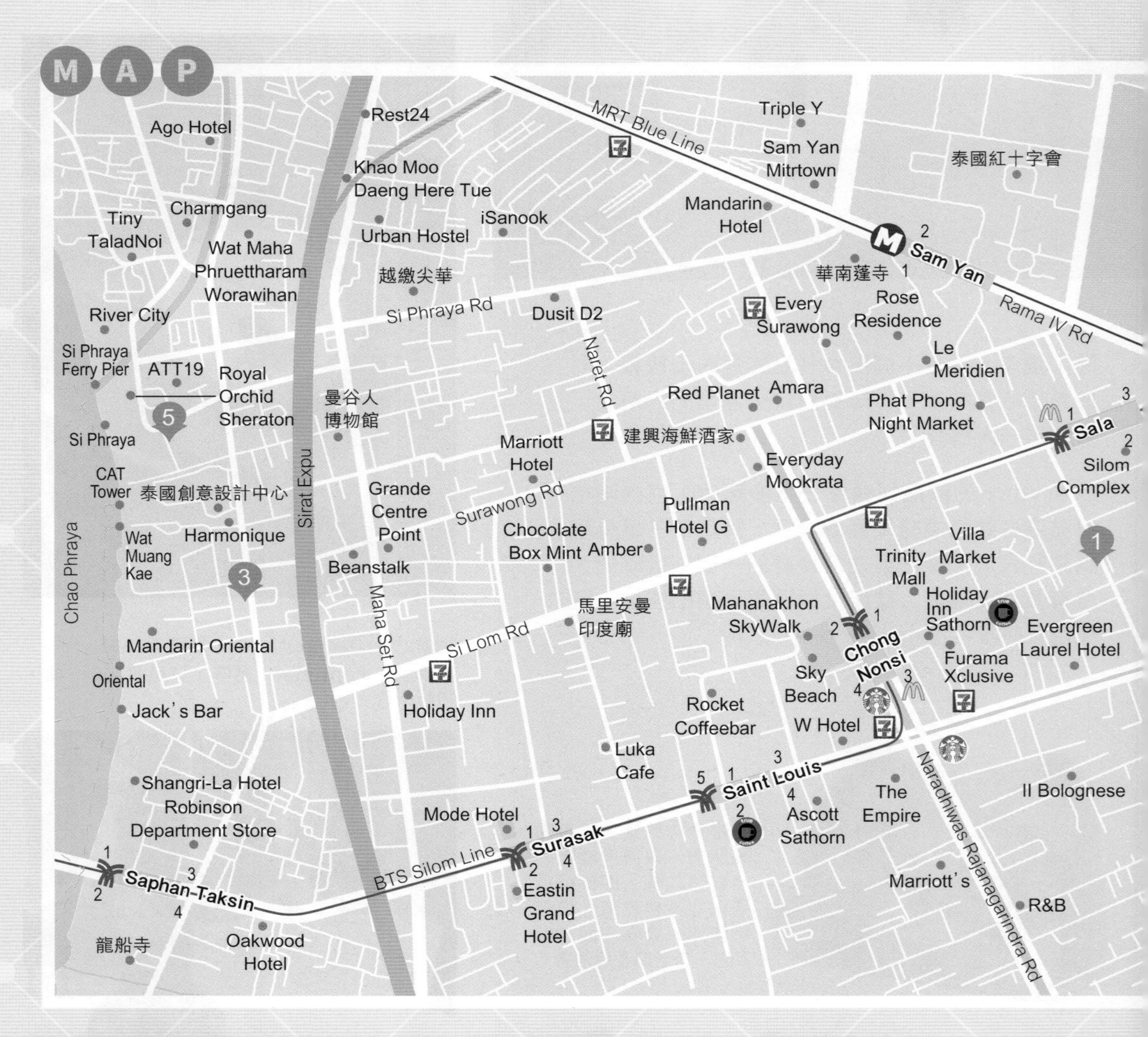

❶ Khao-Sō-i ❷ Silom Edge ❸ Central The Original Store ❹ The Commons Saladaeng
❺ Warehouse 30

朱拉隆功王
紀念醫院
Lumphini
Park
Daeng
Si Lom
Benjarong
Zanotti
Urban
House
MK Gold
Quarter
Banyan
Tree
N Sathon Rd
Urbana
Sathorn
Vista
Sukhothai
Hotel
Keller
Saawaan
Plu
Somerset Park
Suan Phlu
Smalls
Hotpot
Man

Bang Rak
挽叻縣

挽叻縣是現今曼谷最受遊客歡迎的其中一個縣，由於這區鄰近旅遊熱點及商業中心，所以有不少連鎖酒店品牌進駐，亦不乏高級餐廳。

每年四月的泰國新年都會舉辦潑水節，位於這個縣的是隆路（Silom Road）是曼谷其中一個玩水熱點，吸引來自世界各地的遊客來感受濃厚的節日氣氛，好不熱鬧！

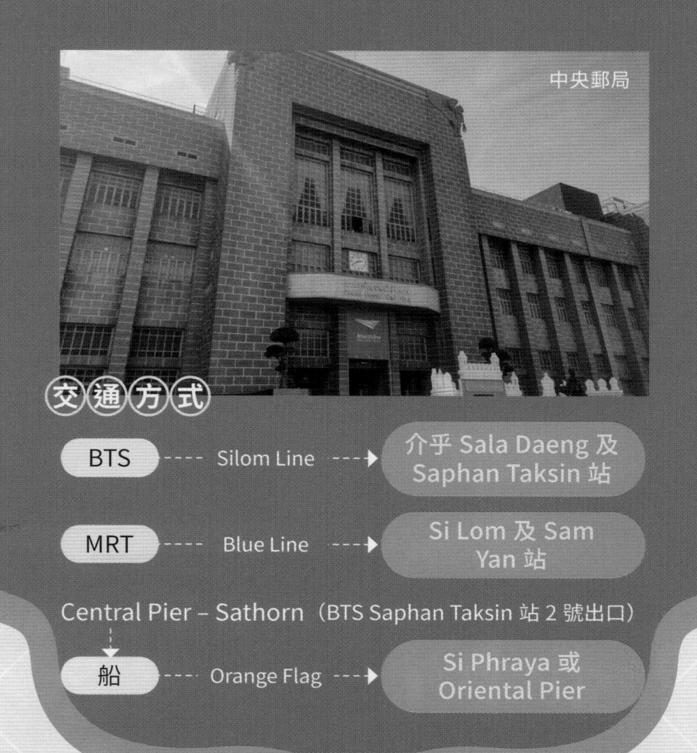

中央郵局

交通方式

BTS ---- Silom Line ---→ 介乎 Sala Daeng 及 Saphan Taksin 站

MRT ---- Blue Line ---→ Si Lom 及 Sam Yan 站

Central Pier – Sathorn（BTS Saphan Taksin 站 2 號出口）

船 ---- Orange Flag ---→ Si Phraya 或 Oriental Pier

2023 年 8 月 OPEN

Khao-Sō-i

說到最多人認識的泰北菜莫過於清邁著名的咖喱麵 Khao Soi！今次要跟大家介紹的食店大有來頭，總店在清邁深受遊客歡迎，經常大排長龍，甚至不少名人都會光顧。2023 年 8 月終於登陸曼谷，在金融區開設首間分店，試業初期更得市長查察（Chatchart Sitthipan）、政治家及不少泰國明星來到品嚐及打卡支持。

地 14/2-3 Convent Rd, Khwaeng Silom, Khet Bang Rak, Bangkok 10500

時 週一至五 10:30~21:00
週六日 10:00~21:00
（Last Order 20:30）

交 BTS Silom Line **Sala Daeng 站** 2 號出口步行約 6 分鐘

Khao-Soi with Chicken（雞扒咖喱麵 ฿149）
咖喱雞麵並沒有如坊間般使用原隻雞髀，而是啖啖肉的雞扒，免卻了在咖喱湯中啃骨的煩惱及彈到衣服的風險。雞扒非常鮮嫩，配上濃厚椰香的咖喱湯，味道非常融洽，也適合香港人口味。

Khao-Soi with Braised Beef Shank & Chuck Eye（牛腱及肉眼咖喱麵 ฿269）
原塊的牛腱令人食指大動，牛肉沒有過熟及嚼不動，反而十分透紅嫩滑，充滿濃濃的牛肉味。

裝修繼續沿用清邁總店的日式風格，偏向使用木的元素。店舖內則有一個半開放式廚房，讓客人看到廚師是怎樣準備一碗碗非常精緻的 Khao Soi。

他們的擺盤十分精緻，除了 Khao Soi 上面的脆麵分開上，還會配上必備三寶：紅葱頭、醃菜及青檸，吃之前加到 Khao Soi 麵上會令香氣更上一層樓！除了每一碗必備的配料，還可以單點額外配菜，例如豬肉丸及各式海鮮等。

Iced Thai Milk Tea（泰式奶茶 ฿69）
泰式奶茶味道中規中矩，不會太甜。特別在它不是預先製成，而是逐杯倒奶及泰式茶溝成，上枱時仍能看到漸層，建議攪拌前可以先分開嘗試奶及泰式茶，別有一番味道。

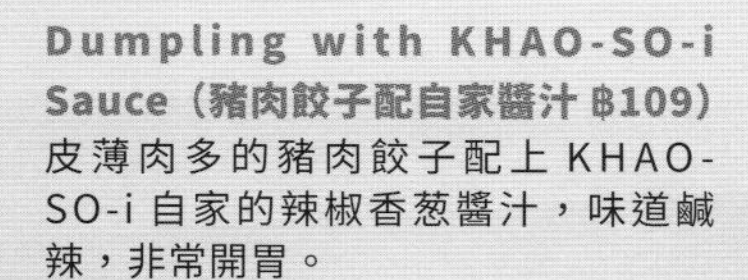

Dumpling with KHAO-SO-i Sauce（豬肉餃子配自家醬汁 ฿109）
皮薄肉多的豬肉餃子配上 KHAO-SO-i 自家的辣椒香葱醬汁，味道鹹辣，非常開胃。

Iced Butterfly Pea with Lime Juice（青檸蝶豆花茶 ฿49）
在寶藍色的蝶豆花茶加上青檸汁，花青素會隨着酸鹼值改變而變成紫色，非常漂亮。不過要注意，孕婦不能飲用！

2022 年 10 月 OPEN

Silom Edge

曼谷的商場建設及規劃頗為成熟，很多著名商場都會有天橋由鐵路站連接，方便客人進出。Silom Edge 是**區內首個 24 小時營業（部分）的商場**，美食區 24/7 Eatery 全天候開放，是旅客和附近居民的佳音。整個商場設有多層，包括購物商店、多國菜餐廳、醫美診所及連鎖按摩店等，適合一家大小來逛逛。

地 2 Si Lom, Khwaeng Suriya Wong, Khet Bang Rak, Bangkok 10500

時 24 小時（部分）

交 BTS Silom Line **Sala Daeng 站** 3 號出口沿地面或天橋步行 4 分鐘，或 MRT Blue Line **Si Lom 站** 2 號出口沿天橋步行 2 分鐘

B1 及 G 樓層

商場的搵食熱點，有三十多間不同菜式的餐廳，非常集中，包括小食店、堂食食肆、咖啡店以及甜品店等。當中最特別莫過於 B1 樓層的 Lin Hot Pot Mala 閔火鍋，24 小時營業，但日間與凌晨所賣的食物有所不同，分別是牛肉麵及麻辣火鍋，突顯出泰國人考量到人流及食物種類的靈活性！

1 樓

以女士服裝及首飾為主，風格切合時下年輕人潮流。除此之外還有動漫及售賣盲盒的店舖，適合等待同行親友購物的朋友。

2 樓

Life And Tech 主要售賣電子產品，種類齊全。同層亦有來自美國的冬甩專門店 Krispy Kreme，每逢大時大節都有季節性的冬甩設計，造型精緻。

Santa Belly（聖誕老人冬甩 ฿35）

9 樓

有曼谷著名的 Hyde & Seek 酒吧餐廳，備有西式及韓式等多國食物。三五知己可以邊吃邊把酒談心，居高臨下望着區內風景，如果不介意天氣熱還可以坐在戶外位置。

3 及 4 樓

泰國醫美在世界上數一數二出名，技術不遜於日本和韓國。商場設有多間醫美診所，此外更有泰國大型連鎖按摩品牌 Let's Relax，適合逛街後輕鬆一下。

Barcade 兒童遊戲中心。

SIWILAI Café。

Central The Original Store

地 1266 Charoen Krung Road, Khwaeng Bang Rak, Khet Bang Rak, Bangkok 10500
時 週二至日約 10:00~23:00（因樓層而異）
休 週一
網 centraltheoriginalstore.com
交 BTS Silom Line **Saphan Taksin 站** 3 號出口步行約 10 分鐘

來曼谷逛商場，Central World 應該在必去清單中佔一席位。即使母公司尚泰集團的生意在泰國及東南亞都經營得非常龐大，集團的根源都沒有被遺忘，那就是位於曼谷石龍軍路的第一間店舖 —— Central Trading Co., Ltd.。

地下樓層（L1）

整間元祖店最精彩的部分之一，集合了多個元素，包括 SIWILAI Café 咖啡店、酒吧、書店以及最重要的中央洋行集團歷史展覽。當中展示了 Central 第一代會員卡、優惠券以及紙袋等，彷彿回到當年的購物情景，更可以了解 Central Trading Co., Ltd. 是如何一步步走到今天雄霸泰國的百貨公司之一！至於黃昏至晚上時間，地下的 SIWILAI Sound Club 會有樂隊演唱，與日間氣氛截然不同。

現時的 Central: The Original Store 經翻新後於 2020 年 9 月重新營業，一共有 5 層，集合了咖啡店、餐廳、零售空間及展覽區。建築外部採用了啡紅色的磚塊重新包裝，以全新形象繼續紮根石龍軍路，與同街的舊建築形成鮮明對比，在二十一世紀的新形象下互相成長。

SIWILAI Café - Fizzy Plum（氣泡梅子咖啡 ฿120）

咖啡店的 House Special 飲料，賣相吸引。氣泡水混合了冷萃咖啡形成開胃的紅寶石色，上層綿密氣泡上放有一粒鹹梅子和薄荷葉點綴。味道充滿梅子香，與咖啡配搭得完美，十分醒神。

2 樓（L2）

延續地下書店的部分，是一個 Retail Library，除了有不同類型的書籍發售，更有季節性小型展覽。最值得一提就是這裏有寬敞的座椅空間，並掛上現代藝術家的作畫，除了展示更可以買回家。不知道大家看得出是向哪位畫家致敬嗎？

SIWILAI Café - Latte（凍拿鐵 ฿150）

奶香及咖啡味道平衡，不會過甜。

5 樓（L5）

最頂樓是餐廳層，進駐的是曼谷非常有名的餐廳 Aksorn，由澳洲籍廚師 David Thompson 主理。餐廳主打特色泰國菜，設有室內及室外露台位置，可以從 5 樓望到石龍軍路一帶，充滿泰國色彩。

3 樓（L3）及 4 樓（L4）

再次延續下面樓層的概念，層層遞進的把客人引領到更濃厚的藝術氛圍，Central Space 和 Exhibition Space 會舉辦不同類型的藝術展覽，非常歡迎客人了解作品背後的意思。

The Commons Saladaeng

遊客來曼谷旅遊，其中一個不會錯過的地方就是商場的美食廣場。但如果想吃得精緻一點和多國菜式的話，就一定要來這個社區商場 The Commons Saladaeng，一共有三層，齊集了 20 多間高質素餐廳，來到這裏一定可以大飽口福。

2 樓 The Market 食店。

地 126 Soi Saladaeng 1, Khwaeng Silom, Khet Bang Rak, Bangkok 10500

時 08:00~01:00

網 www.thecommonsbkk.com/saladaeng

交 BTS Silom Line **Sala Daeng 站** 4 號出口步行約 10 分鐘

商場 3 樓是 The Studios，可以預約舉辦私人聚餐及作其他用途如拍攝場地。

The Lobster Lab

時 週日至四 11:00~21:00、週五六 11:00~22:00

Lobster Croquettes（龍蝦可樂餅 ฿190）
外皮金黃酥脆的可樂餅，內裏充滿薯仔粒及龍蝦肉，質感綿滑帶有龍蝦香味。蘸上附帶的千島醬能提升可樂餅的味道，亦能減輕熱氣感覺。

食肆樓層分別是 1 樓 The Ground 及 2 樓 The Market，中西日台菜式及酒吧一應俱全。The Ground 的餐廳主要是 Grab & Go 形式營運，沒有太多座位；而美食集中地 The Market 內部很寬敞，有不同座位可供選擇，包括高矮椅及長枱等。由於這裏以美食廣場形式營運，顧客可以選擇不同菜式，點餐後會有提示器召喚取餐，十分方便。

因為食肆囊括不同菜式及來自不同國家，所以餐牌以英文為主，吸引不少遊客及外籍人士光顧。特定日子更會有樂隊及音樂人在這裏表演，令現場氣氛更為提升，建議去之前先參考商場的社交平台，就不會錯過精彩表演！

Bun Meat & Cheese

時 週日至四 10:30~21:00
週五六 10:30~21:30

Sausage Plate（香腸拼盤 ฿390）
混合了三種香腸的拼盤，分別有黑胡椒豬肉香腸、充滿肉汁的白色豬肉香腸及質感爽脆的豬肉香腸，各有風味及特色。香腸拼盤有不同蘸醬及自家醃製的酸瓜配菜伴碟，在享用豬肉香腸原汁原味的同時，亦能減低油膩感。

Taproom

時 12:00~14:00、17:00~21:00

Muay Thai Craft Beer（手工啤酒 ฿180）
以泰拳 Muay Thai 命名的手工啤酒，是泰國本地自家釀製，包裝以泰國符咒為概念。這款手工啤酒酒精濃度 4.8%，味道偏甜，容易入口，沒有一般啤酒苦澀的麥味。購買時店員會貼心奉上一隻雪到冰凍的玻璃杯，可以延長手工啤酒的冷凍感及其原味道。

Paak

時 週一至四 08:00~21:00、週五至日 08:00~23:00

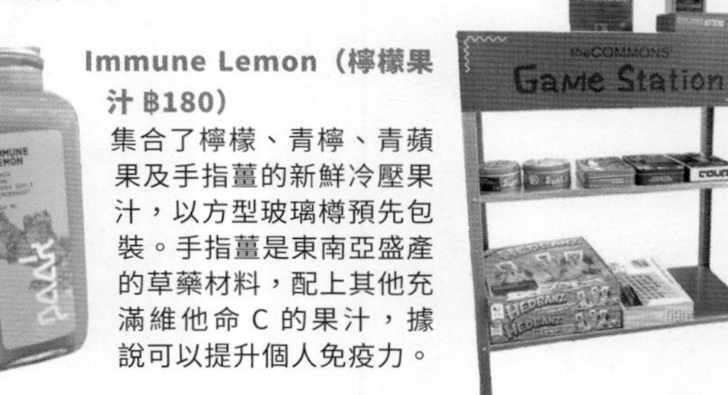

Immune Lemon（檸檬果汁 ฿180）
集合了檸檬、青檸、青蘋果及手指薑的新鮮冷壓果汁，以方型玻璃樽預先包裝。手指薑是東南亞盛產的草藥材料，配上其他充滿維他命 C 的果汁，據說可以提升個人免疫力。

由於 The Commons Saladaeng 深受年輕人及鄰近學校的學生歡迎，因此這裏提供不少桌上遊戲供免費借玩，包括猜猜我是誰及層層疊等益智遊戲，鼓勵多放低電子產品，與朋友共渡時光。

Warehouse 30

Warehouse 30 位於曼谷挽叻縣，鄰近昭拍耶河，因為坐落於石龍軍路 30 巷而得名。昔日是充滿歷史的倉庫原址，經泰國知名建築及設計師重新包裝，打造成今日的創意園區。

地 52-60 Soi Charoen Krung 30, Khwaeng Bang Rak, Khet Bang Rak, Bangkok 10500

時 約 07:00~01:00（因店而異）

網 www.warehouse30.com

交 BTS Silom Line **Saphan Taksin 站** 3 號出口步行約 20 分鐘，或 MRT Blue Line **Hua Lamphong 站** 1 號出口步行約 20 分鐘

2023 年 1 月 OPEN

Carnival（Warehouse 7-8）

時 11:00~20:00

著名年輕人品牌 Carnival 於 2023 年初登陸 Warehouse 30 設立旗艦店，店內設計開揚，貨品種類琳瑯滿目。除了原創商品，還有跟大型運動品牌和其他獨家合作款式，更會不定時聯合其他品牌設 Pop-Up Store，吸引不少潮人前來朝聖。

Horse Unit & Woot Woot (Warehouse 4)

時 週一、二及四至日 11:00~19:00

很重懷舊味道的店舖，據店方介紹是由兩位泰國年輕人經營。店內物品包羅萬有，包括古着、木製傢俬及唱片等，喜歡懷舊物品及歷史收藏的一定會在這裏尋到寶。

整個項目主要分為 8 個倉庫及附帶建築，集結不少餐廳、咖啡店、時裝店及藝術廊等，各有特色，對於喜愛潮流型格的朋友，實為一個夢寐以求的地方。

333 Gallery (Warehouse 5)

時 週二至日 11:00~18:00

一進到倉庫馬上被濃濃的藝術氣息包圍，展品種類並沒有局限於平面繪畫，反之有多款動漫模型、原創設計玩具等。氛圍和陳列帶有日本的簡約主義，而且室內色調以白色為主，視線自然會落在色彩繽紛的展品之上，而且展覽會一直更新，每次來都可以大開眼界。

A Coffee Roaster by li-bra-ry (Warehouse 6)

時 09:00~19:00

與 30_6 時裝品牌共同使用 6 號倉庫，由曼谷咖啡店品牌 Li-Bra-Ry 營運。店舖高樓底配上工業風，吸引不少外籍人士帶電腦來工作。飲品種類豐富，適合喜歡到咖啡店打卡拍照的朋友。

Salted Lemonade (฿120)
檸檬酸甜中略帶鹹味，杯面以薄荷葉點綴，味道清新。

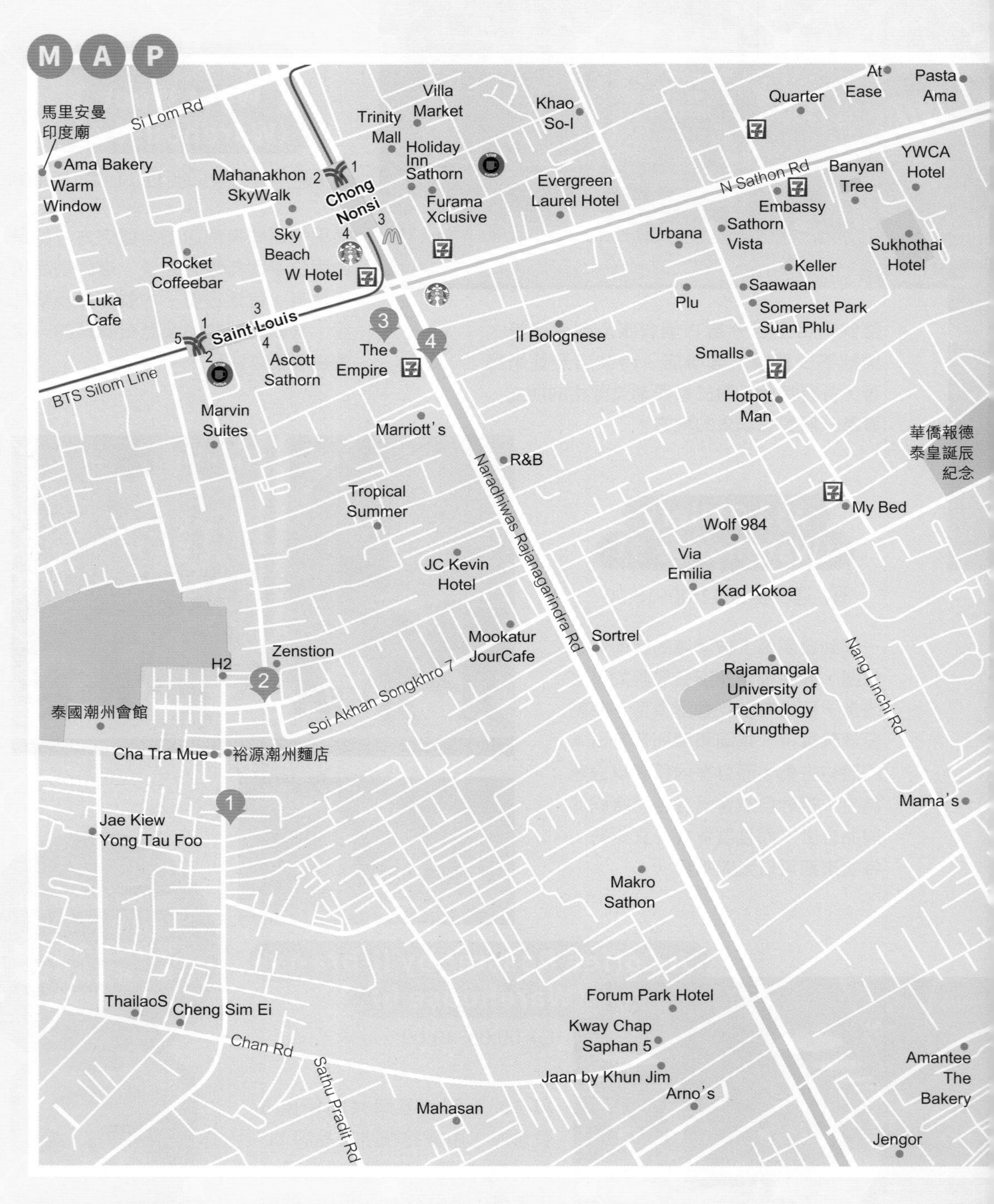

❶ Hua Fishball Buffet Noodles ❷ Bamboo E-Sport Center ❸ Arabica Thailand
❹ Chong Nonsi Canal Park ❺ Fran's -Brunch & Greens-

Sathon
沙吞縣

沙吞縣是曼谷傳統商業區，主要幹道上有不少跨國企業進駐的商廈，以及新建的高尚住宅。其實沙吞縣範圍從鐵路沿線一直延伸到昭拍耶河沿岸，縣內新舊共融，有保留地道色彩的建築及平民生活圈，中心位置亦有不少值得發掘的地方。

Chong Nonsi 著名天橋

交通方式

BTS ---- Silom Line ----> 介乎 Chong Nonsi 及 Saint Louis 站

MRT ---- Blue Line ----> Lumphini 站

2023 年 10 月 OPEN

Hua Fishball Buffet Noodles

ฮั้วลูกชิ้นปลาบุฟเฟ่ต์

在曼谷生活多年，不得不承認物價日漸上升，但 Hua Fishball Buffet Noodles 居然反其道而行，推出**廉價魚蛋粉麵自助餐**，令我大開眼界。只需約二十元港幣，就可以在 90 分鐘內任吃多種配搭的粉麵和魚蛋，非常划算。初推出時吸引不少泰國人一試自己食量。

地 18/7 Soi Saint Louis 3, Khwaeng Thung Wat Don, Khet Sathon, Bangkok 10120

時 08:00~18:00（Last Order）

交 BTS Silom Line **Saint Louis 站** 2 號出口步行約 18 分鐘

Hua Fishball Buffet Noodles 是一間平民粉麵店，內裏只設風扇，沒有空調，是非常典型的地道粉麵店裝潢。

บะหมี่กลมน้ำใส（清湯幼蛋麵）
每碗粉麵都有兩件魚皮餃及芽菜，麵條分量不多，可以多試幾款。

บะหมี่แบนน้ำใส（清湯扁蛋麵）

食物只有兩個價錢：以自助餐或單碗計算，大部分客人都選自助餐，因價錢與單點相若。成人或小童身高 131 厘米以上每位 ฿80、小童身高 101 至 130 厘米每位 ฿40、小童身高低於 100 厘米免費。單點每碗 ฿50。無論選擇自助餐或單碗，都不包飲料。

自助餐粉麵需要向店員下單，麵條有常見的米粉、蛋麵、即食麵、河粉等。湯底亦有不少選擇：清湯、釀豆腐、冬蔭，甚至各式乾拌都有。魚蛋須自行拿取，蒸魚蛋、魚片、魚肉豆腐，甚至炸魚蛋都有，能配搭出非常多選擇 。食物味道算中等，但對照價錢來說真的無可挑剔。

บะหมี่แบนเย็นตาโฟ（釀豆腐湯扁蛋麵）

為提醒客人珍惜食物，吃不完的魚蛋每顆收費 ฿5，粉麵每碗吃不完收費 ฿10。因為餐廳不限拿取次數，可以逐次適量拿取。

บะหมี่แบนต้มยำ（冬蔭湯扁蛋麵）

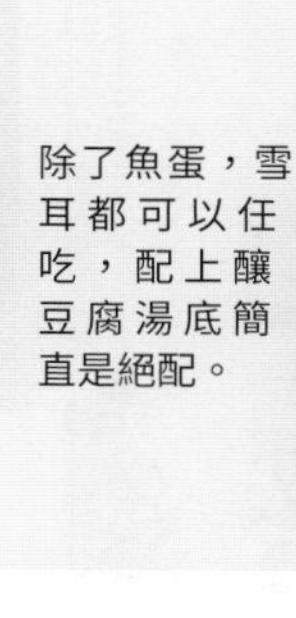

除了魚蛋，雪耳都可以任吃，配上釀豆腐湯底簡直是絕配。

點飲料後，需自行拿取冰塊。藍色的是泰國常見冰塊儲存箱，特別耐冷，冰塊放很久都不會溶掉。

2023 年 10 月 OPEN

Bamboo E-Sport Center

近年越來越多年輕人獨遊曼谷，勝在行程能掌握在自己手中，同時能藉此認識來自世界各地的新朋友，因此不少適合聚會的地方應運而生。Bamboo E-Sport Center（ESC）是曼谷一間深受年輕人歡迎的電競中心，提供的遊戲種類不可勝舉，由細玩到大的 PlayStation、任天堂 Switch、VR 虛擬實境遊戲，甚至桌遊都一應俱全。

地 67 Soi Sathon 11, Khwaeng Thung Wat Don, Khet Sathon, Bangkok 10120

時 14:00~02:00

交 BTS Silom Line **Saint Louis 站** 2 號出口步行約 14 分鐘

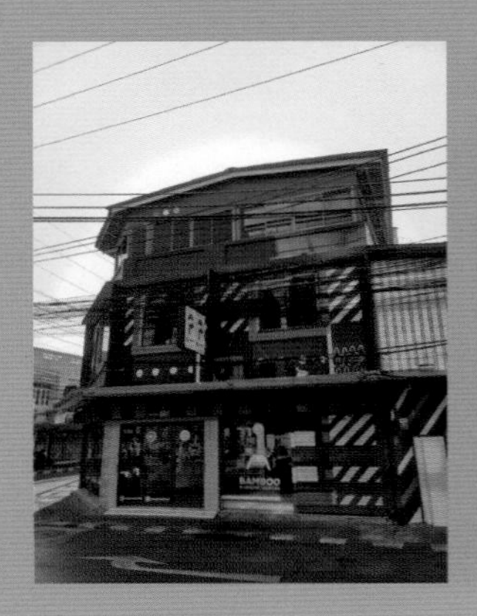

Bamboo ESC 位於 2 樓，如果不是從對面馬路看過來，可能會較難找到，但認準這個手掣貼紙就知道沒去錯地方。

為方便顧客「足不出戶」盡情打機聯誼，Bamboo ESC 有簡單零食及飲料出售，價錢合理。

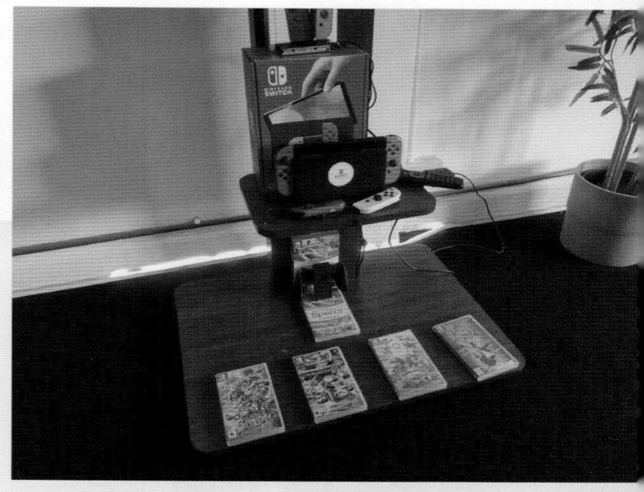

我來到 Sathon 11 分店，是最新的一間分館，從建築外形已經見到玩味十足，別出心裁。據外籍老闆介紹，Bamboo ESC 不時舉辦錦標賽，吸引年輕人一決高下，非常熱鬧。中心入場費經濟實惠，按時間分為四個價錢，按人頭計算：一小時 ฿200、兩小時 ฿300、夜場通行證（19:00~02:00）฿400、全日通行證（包一瓶飲料）฿500，無論是哪個價錢都能玩到所有遊戲裝置，很超值。

如果不是住在 Sathon，Bamboo ESC 的總館位於 Ekkamai，同樣是 2023 年上旬開幕，設備一樣齊全。

無論是 PlayStation、任天堂 Switch 或其他主機，都有大量 RPG 遊戲可選，總有一款適合你。

看照片才知道自己玩得多肉緊，由細到大的打機魂大爆發！

部分桌遊遊戲。

2023年12月 OPEN

Arabica Thailand

地 Level 55, The Empire, 1 S Sathon Road, Khwaeng Yan Nawa, Khet Sathon, Bangkok 10120
時 07:00~21:00
交 BTS Silom Line **Chong Nonsi 站** 5 號出口，或 **Saint Louis 站** 4 號出口步行約 6 分鐘

來自日本京都的咖啡店 % Arabica 當年登陸泰國 ICONSIAM 時，已經吸引不少支持者排隊朝聖。想不到時至今日，% Arabica 在泰國第八間分店反其道而行，沒有選址大型購物商場，而是向高空發展，選擇坐落於曼谷金融區一座商業辦公大樓 55 樓。

% Arabica 所在的 The Empire。

除了咖啡及糕餅，% Arabica 還有售各式各樣周邊商品，包括布袋及咖啡杯，超級粉絲不妨買回家留念。

左：Short Kyoto Latte (% Blend)
（京都拿鐵咖啡 ฿150）
熱咖啡分 8oz 和 12oz，我選擇細杯裝 8oz 及招牌 % Blend 咖啡豆。即使是細杯都不敷衍，同樣有精緻拉花，咖啡味濃郁不苦澀。

右：Iced Dark Latte 12oz
（凍黑拿鐵咖啡 - 12 安士 ฿195）

% Arabica 有獨立升降機大堂，即 Tower 1 EA 大堂。大堂採用不少圓形鏡及球體，配合偏暗燈光製造神秘氣氛，猶如為登上咖啡店前營造對比。

登上 % Arabica 後果然不失所望，咖啡店以純白色作主調，牆身、地板、吧枱及座位無一例外，可避免搶去廣闊城市景的風頭。雖然 55 樓在曼谷市內並非最高樓層，但可以看到區內一望無際的風景，甚至可以與王權大廈（King Power Mahanakhon）對望，因此長期吸引客人光顧。

Plain Croissant
（牛角包 ฿110）
可即場翻熱，表皮酥脆，帶濃厚牛油香。大小與價錢成正比，分量偏大，適合二人分享。

Canele
（可麗露 ฿80）
在咖啡店少見的可麗露，竟然在 % Arabica 找到。翻熱後外層硬脆與內裏鬆軟的蛋糕對比鮮明，甜度適中。

在 % Arabica 可以遠望到著名的昭拍耶河。

店舖燈飾同樣以白色為主，整齊排列，很有治癒感。

Chong Nonsi Canal Park

因為地貌原因，曼谷蘊藏着不少小型運河，在泰文中稱為“Khlong (คลอง)”，英譯為“Canal”。位於市中心外的運河經過多年發展，部分已規劃成人氣水上市場或夜市。

相對而言，坐落在曼谷市中心繁忙區域的 Khlong Chong Nonsi，即使地理位置受限，被高樓大廈及馬路四面環繞，在 2007 年仍得到時任曼谷市長倡議，參考韓國首爾清溪川運河改造活化成休憩公園。

地 58 Naradhiwas Rajanagarindra Road, Khwaeng Thung Maha Mek, Khet Sathon, Bangkok 10120

交 BTS Silom Line **Chong Nonsi 站** 5 號出口沿天橋步行約 3 分鐘

包圍 Chong Nonsi Canal Park 的高樓大廈，內裏租戶都來頭不少，包括國際知名會計師事務所 PwC Thailand 泰國辦公室、BOC 泰國總部，以及不少跨國公司的分部。

如果從馬路入口進入公園，再沿着步行道往上行，就會看到 Chong Nonsi 區的標誌性天橋。

Khlong Chong Nonsi 是一條位於曼谷金融經濟中心的運河，沿着 Surawong Road 延伸到昭拍耶河，全長約 4.5 公里。歷年來經過多次諮詢，最終由泰國地景建築事務所 Landprocess 改建成 Chong Nonsi Canal Park 公共公園。公園第一期長約 200 米，闊約 15 米，於 2021 年 12 月開放公眾使用。

蜿蜒的步行道是 Chong Nonsi Canal Park 的特色。

公園內不同區域都有休憩位置，歡迎遊客路過時閒坐欣賞。

Chong Nonsi 運河的水質一直為人詬病，但經過活化，增建過濾系統，情況明顯改善。

2022 年 8 月 OPEN

Fran's -Brunch & Greens-

位於 Sathorn One 的 Fran's Brunch & Greens 很適合喜歡旅行隨心而行，悠閒慢活的人。店名開宗明義"Brunch & Greens"，主打早午餐（Brunch），也有下午茶及晚餐供應。我於下午茶時段到來，點了較輕盈的餐點，模擬午後隨心而行的感覺。如欲享用早午餐或晚餐，職員建議網上訂座，否則 Walk-in 或要輪候 30 至 45 分鐘，或更長時間。

Summer Acai（夏日巴西莓果碗 ฿320）
巴西莓向來被稱為超級食物，一碗莓果碗有齊抗氧化物及氨基酸等不同營養。Fran's 莓果碗的材料非常新鮮，表面鋪滿香蕉、橙肉、士多啤梨等色彩繽紛的水果，感覺有如其名「夏日」。我最喜歡具泰國特色的脆椰子片，為軟滑的巴西莓增添口感。

地 58 Soi Ngam Du Phli, Khwaeng Thung Maha Mek, Khet Sathon, Bangkok 10120
時 08:00~22:00
網 www.facebook.com/Frans.bangkok
交 MRT Blue Line **Lumphini 站** 1 號出口步行約 9 分鐘

Heart Beet Cold-Pressed（紅菜頭冷壓果汁 ฿185）
雖然分量比較少，但味道十分濃郁。除了紫紅色的紅菜頭汁，成分還有番石榴、蘋果及菠蘿，配搭容易入口，味道平均，不會被紅菜頭獨佔風頭。

Kale & Apple Smoothies（羽衣甘藍青蘋果沙冰 ฿220）
很清新，芒果、青蘋果和蜜糖的清甜味道平衡了羽衣甘藍本身的苦味及草青味，甜度適中不膩，沙冰質感幼滑，沒有冰碎。

餐廳主打西式餐點，小食前菜、主食、甜品一應俱全。歐式風格不難從標誌性的綠邊圓碟看得出來。店舖裝潢亦以歐陸風為主，有室內外座位可選。室內有大量玻璃窗採集自然光，經室外植物影子過濾下令環境寫意舒適。

Carrot Cake（紅蘿蔔蛋糕 ฿160）
賣相精緻，忌廉上的合桃很脆口。蛋糕不會過甜，與忌廉配搭得很好。質感則下層較上層結實，呈現不同口感。

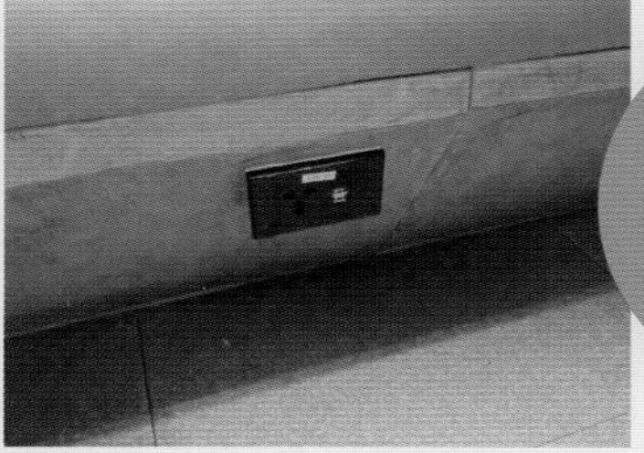

不少座位都有插座供客人使用，非常貼心。

它與同集團的越南餐廳 Ăn Cơm Ăn Cá 相連，自成一國，環境恬靜。

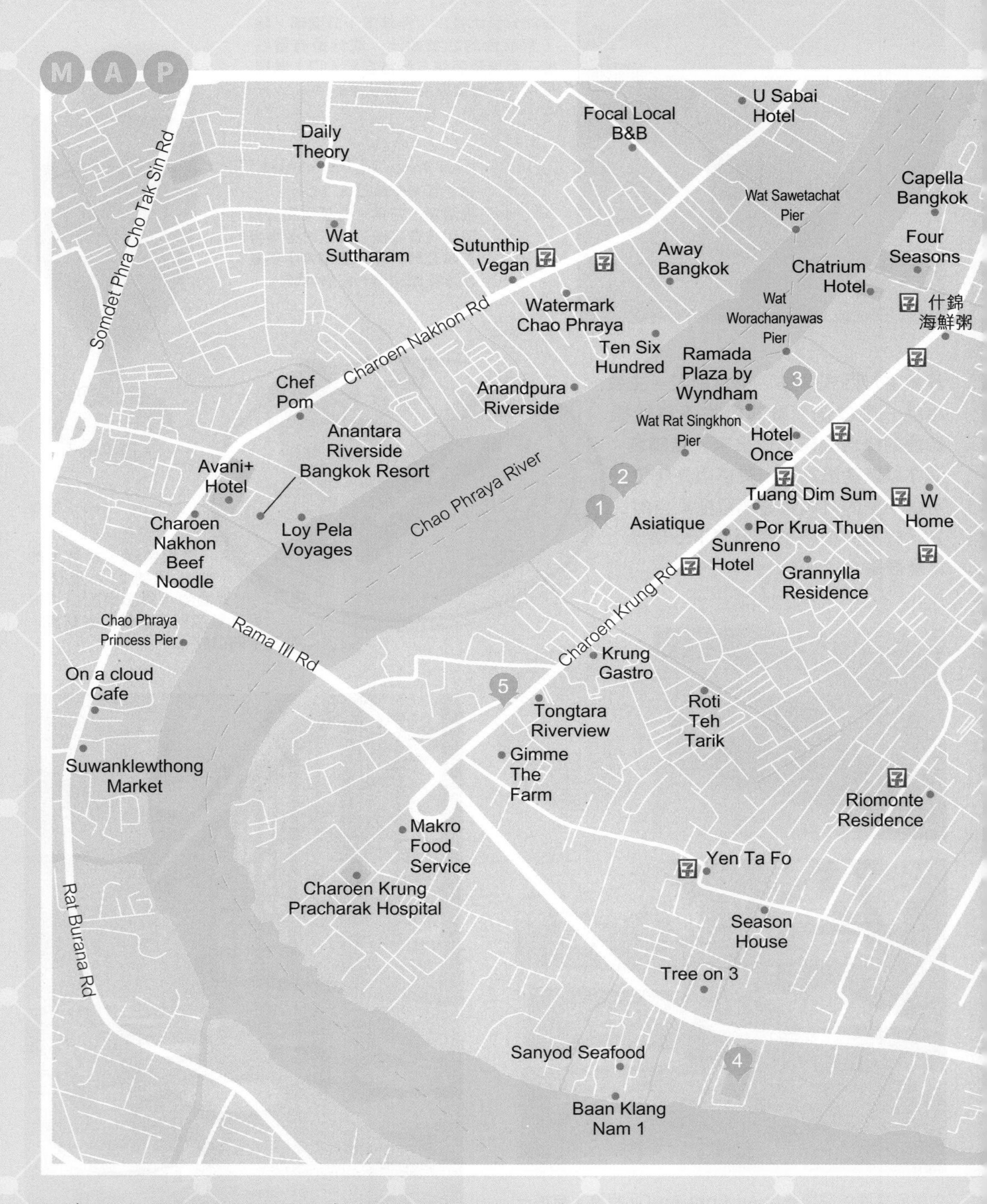

❶ The Siam Tea Room ❷ Sirimahannop ❸ The Salil Hotel Riverside ❹ Terminal 21 Rama 3 ❺ Tangible

Bang Kho Laem 挽柯蓮縣

石龍軍路大致與昭拍耶河平行，從拍那空縣一直貫穿到挽柯蓮縣，擁有迷人的河畔景色，曼谷地標河濱夜市 Asiatique，以及不少五星酒店都坐落於此。

區內以泰王拉瑪三世所命名的道路及天橋連接到曼谷不同地方，新的 Terminal 21 商場亦因以命名為 Terminal 21 Rama 3，為這區注入新元素。

Asiatique 河濱夜市

交通方式

Central Pier – Sathorn（BTS Saphan Taksin 站 2 號出口）

船 --- Orange Flag / Shuttle ---> **Wat Rat Singkhon 或 Asiatique Pier**

BTS --- Silom Line ---> **Saphan Taksin 站，沿石龍軍路（Charoen Krung Road）到挽柯蓮縣範圍**

2023 年 4 月 OPEN

The Siam Tea Room

地 Room no.8（by the river），Asiatique The Riverfront, 2194 Charoen Krung Road, Khwaeng Wat Phraya Krai, Khet Bang Kho Laem, Bangkok 10120

時 12:00~00:00

網 www.thesiamtearoom.com

交 BTS Silom Line **Saphan Taksin 站** 2 號出口轉乘接駁船至 Asiatique The Riverfront

昭拍耶河旁的 Asiatique The Riverfront 的定位是個河濱夜市，很多遊客都會放到黃昏行程。2023 年開業的 The Siam Tea Room 就打破慣常，由中午開始營業。

The Siam 是萬豪酒店旗下品牌，首設於皇后公園萬豪侯爵酒店。即使把茶室概念放到 Asiatique，都沒有倒模經營，而是翻新並改建舊建築，造出風格截然不同的泰式洋風。

แกงเขียวหวานไก่
(Chicken Green Curry, Local Eggplants, Finger Root, Basil Leaves，青咖喱雞配茄子 ฿268)
以陶瓷鍋盛載的青咖喱賣相一流。濃郁的青咖喱汁充滿椰香，非常幼滑，帶有微微辣度，適合拌飯。雞髀肉嫩滑，分量不少。此外還配有泰國茄子及水茄，口感不同，相映成趣。

ยำส้มฉุนปลาสลิดฟู (Grandma's recipe of Spicy and Sour Pomelo Salad, Mango, Fluffy Fried Sepat Fish, Sweet Pork and Orange Zest，涼拌柚子青芒果沙律配炸魚酥及五花肉 ฿378)
賣相充滿泰國特色的開胃前菜，柚子及青芒果帶水果酸味，再拌酸辣沙律十分醒胃。旁邊炸魚酥及五花肉帶點甜味，可中和酸辣。裝飾的粉紅花是可食用花瓣。

Asiatique 分店共兩層，再細分室內及戶外座位。室內以洋風為主，地磚及陳設都採用大理石花紋，配梳化及西式座椅。在細節如裝飾品及門窗頂部則混入泰國傳統圖紋，風格和諧。戶外則採用藤椅等風格，綠化設計做得不錯，可安坐欣賞昭拍耶河景色。

The Siam 菜式混合泰式及西式，種類多元而賣相精緻。此外，在 Tea Room 入口放了各式甜品及紀念品禮盒，價錢十分相宜。如果計劃來 Asiatique 但時間尚早，不妨吃午餐或下午茶，順道買點精緻的手信給朋友。

ปีกไก่ทอดเคล้าน้ำปลา (Fried Chicken Wings with Fish Sauce，魚露炸雞翼 ฿220)
泰國經典炸雞翼，以魚露調味並配甜辣醬。The Siam 做成單骨雞翼，方便食用。

ขนมปังสังขยาใบเตย (Pandan Custard French Toast, Coconut ，斑蘭醬椰子厚多士 ฿210)
適合兩個人分享，每片麵包都烘得金黃香脆，配斑蘭醬不會過甜。以兩片椰肉作裝飾，味道清甜，與斑蘭醬稱得上黃金組合。

ชาซีลอน ต้นตำรับ (Ceylon Original Breakfast Tea，錫蘭紅茶 ฿129)
紅茶味道濃郁，配有小小的鬆餅。

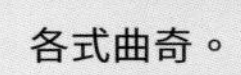

各式曲奇。

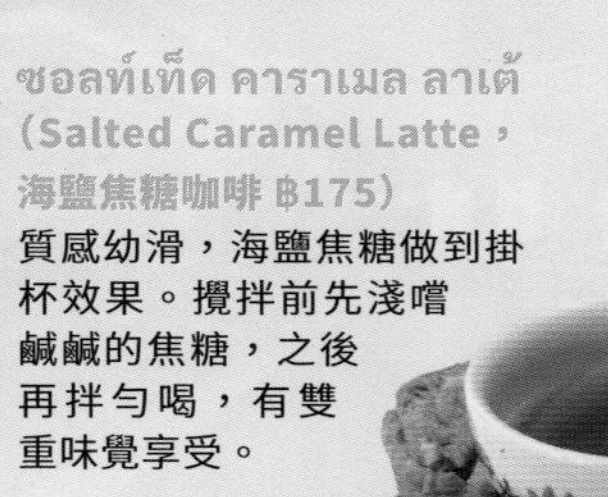

ซอลท์เท็ด คาราเมล ลาเต้ (Salted Caramel Latte，海鹽焦糖咖啡 ฿175)
質感幼滑，海鹽焦糖做到掛杯效果。攪拌前先淺嚐鹹鹹的焦糖，之後再拌勻喝，有雙重味覺享受。

紀念品。

黃昏來到昭拍耶河兩岸，不難見到一艘艘極具搖滾氣氛的晚餐船駛過。如果喜歡靜態又想欣賞河邊日落美景，定要來停泊在 Asiatique 河濱夜市的帆船餐廳 Sirimahannop。

Sirimahannop

Sirimahannop 分上下兩層：上層甲板露天座位，可以看到昭拍耶河及河濱夜市摩天輪。下層船艙是室內座位，充滿懷舊歐式風情。船艙牆壁掛着珍貴歷史照片，同時有藝術感及教育意義。

地 Asiatique, Charoen Krung Road, Khwaeng Wat Phraya Krai, Khet Bang Kho Laem, Bangkok 10120

時 16:00~00:00（Last Order 食物 22:30、飲品 23:30）

網 www.sirimahannop.com

交 BTS Silom Line **Saphan Taksin 站** 2 號出口轉乘接駁船至 Asiatique The Riverfront

下層船艙。

Seafood Basket（海鮮拼盤 ฿990）
有生蠔及多種烹熟冰凍海鮮，包括香蕉蝦、帶子及原隻螺，味道鮮甜，肉質彈牙。灑檸檬汁後微酸味道令海鮮更醒胃，作頭盤最適合。另隨拼盤附泰式海鮮醬。

Sirimahannop 由萬豪酒店主理，質素不容置疑，菜式為泰西混合風格。為確保座位，出發前可在網站訂座。最好挑選日落前入席，可以欣賞到黃昏及晚間的美麗景色。

Sirimahannop 是復刻三桅帆船，以拉瑪五世時期的皇家船 Thoon Kramom 作原型。Thoon Kramom 擔綱運送貨物到歐洲的重要角色，亦是 1893 年法暹戰爭保衛泰國（當時仍稱暹羅）的其中一艘海軍船。為紀念及致敬這艘傳奇皇家船，因而創造 Sirimahannop，泰文名字包含 Auspiciousness of The Great Water 之意，中文通稱為「吉祥號」。

Spicy Seafood Glass Noodles（泰式涼拌海鮮粉絲 ฿450）
地道泰國菜，酸辣惹味。Sirimahannop 炮製的涼拌粉絲加入大量時令海鮮，如魷魚、原隻蝦及青口等，性價比甚高。番茄片及芫荽味道很香甜。涼拌粉絲可選辣度，不妨向職員説明。

Grass-fed Beed Flank Steak from Java（爪哇草飼牛扒 ฿590）
我點五成熟牛扒，雖然不大塊，但勝在厚身，所以煎煮後仍透着鮮嫩紅色。簡單的調味沒有遮蓋原本濃濃的牛味，與旁邊的伴碟菜一同吃清爽解膩。

Duck Confit Gascony（油封鴨腿 ฿490）
鴨腿與薯角煎得金黃香脆，趁熱切開時肉汁與鴨的油脂同時流出，配經紅酒燉煮的菜一同放入口中，味道和諧，降低鴨腿油膩感。

Baked Pork Chop on The Bone（斧頭豬扒 ฿550）
肉質軟熟得不像豬扒，接近骨的部分亦很彈牙。由於豬扒以秘製辣醬醃製過，直接吃已夠味道，喜歡重口味也可蘸辣椒醬。

Pan-fried Atlantic Halibut Fillet（香煎比目魚柳 ฿490）
賣相較其他菜式精緻，比目魚柳經香煎後表面金黃，鮮味突出。醬汁充滿濃濃椰香，配小蘿蔔味道鮮甜。

Beef Cheek Green Curry（青咖喱牛臉頰肉 ฿450）
泰國青咖喱一向是下飯佳品，Sirimahannop 十分體貼，配印度薄餅及米飯，適合胃納大的朋友。牛臉頰肉質軟滑，味道濃郁。青咖喱質感順滑，椰香味濃，水茄及羅勒葉味道亦突出。

Sirimahannop Fish & Chips（招牌炸魚薯條 ฿490）
Sirimahannop 反其道而行，以炸青木瓜絲代替薯條。最想不到青木瓜絲裹粉漿油炸後，口感比薯條好，沒有澱粉的黏膩，較為清爽。炸魚肉亦出色，炸漿不會過厚，魚肉依然味鮮。隨碟附檸檬、北歐蛋黃醬及咖喱味沾醬。

Sirimahannop Fish Tacos（招牌墨西哥夾餅 ฿490）
軟身墨西哥夾餅餅皮，夾着擠上牛油果酸忌廉醬的炸魚柳及菜絲。墨西哥夾餅大小適中，方便一手拿起吃，喜歡味道更清爽的可灑青檸檬汁配酸瓜。

House Cured Dill Salmon（刁草三文魚 ฿390）
魚肉上的刁草碎與魚肉鮮味配搭得非常好，伴碟為冬蔭功味小米通，可將三文魚放到米通上，再加牛油果柚子蟹籽沙律一同品嚐，一口齊集鬆脆及軟綿口感。

Peanut and Tumeric Chicken（薑黃沙嗲雞 ฿190）
醬汁用料足，質感濃稠，散發濃濃花生味。因為加入薑黃，去骨雞塊顏色偏黃。米通直接蘸沙嗲亦十分吸味。

Bitterballen（荷蘭炸肉丸 ฿190）
質感與可樂餅大同小異，豬肉餡料十分順滑，搭配芥末汁及酸瓜一同咀嚼，味道更豐富。

Scandinavian Calamari（香草魷魚 ฿390）
魷魚切成魷魚圈或魷魚鬚，並以辣椒、蒜蓉及香草炒過，充滿天然香料味，亦不會蓋過魷魚鮮味。

Tea Smoked Duck Breast（茶燻鴨胸 ฿390）
燻鴨胸片鮮嫩透紅，嫩菠菜和細細粒的榛子一起吃口感有趣。每塊鴨胸旁邊都擠了忌廉芝士醬，為整個菜式增添幼滑感覺。

Gulf of Thai Land Spicy Eggplant Curry (V)（茄子素咖喱 ฿350）
為照顧素食朋友，Sirimahannop 有部分素食菜式，泰南的茄子素咖喱就是其中一道。咖喱裏面只放蔬菜，如番茄及長茄子等，並配印度薄餅及米飯。

Smoked Pepper Mackerel（燻黑椒鯖魚 ฿290 份）
鯖魚肉質向來結實，Sirimahannop 加入黑椒去煎，魚肉不但不會過硬，更滲出魚油香。配菜為坊間少見的 Ship's Biscuits，據說是以前船員的主食，質感較硬。

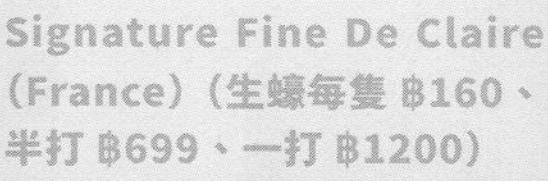

Signature Fine De Claire (France)（生蠔每隻 ฿160、半打 ฿699、一打 ฿1200）
生蠔以冰鎮形式上桌，法國生蠔雖然沒有很大隻，但味道鮮美。另外有兩款泰式醬汁調味，包括泰式海鮮醬及紅色蒜香汁。

Kickstarter (Virgin Cocktail - 無酒精雞尾酒 ฿250)
味道清新鮮甜而帶點辣，可嚐到橙香及菠蘿汁。邊品嚐雞尾酒，邊欣賞日落真是一流。

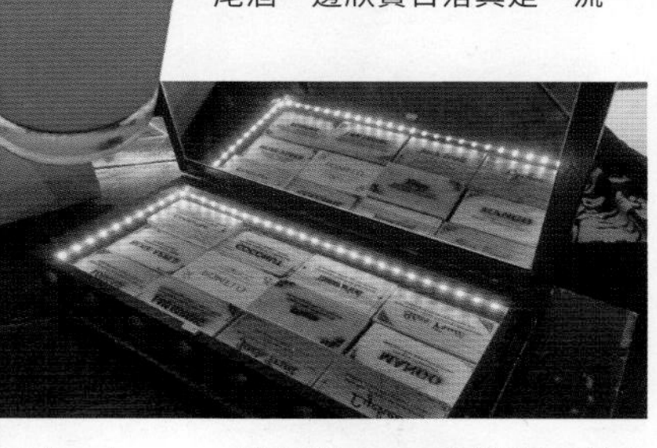

Sirimahannop 雞尾酒 Menu 很特別，以木盒盛載有雞尾酒名字的柚木塊，要透過鏡子反射閱讀。木塊上亦刻着雞尾酒的主要材料。

Warm Apple Puff（蘋果餡餅 ฿170）
蘋果餡餅外面酥脆，伴拖肥及提子冧酒醬，味道甜而不膩。

2022 年 10 月 OPEN

The Salil Hotel Riverside

位於昭拍耶河邊的 The Salil Hotel Riverside 打破酒店就是住宿及精緻餐飲的印象，引入高質小店，加上整體風格猶如歐美童話世界，來到定會大開眼界。

酒店坐落在河畔及石龍軍路之間，空間窄長，分作三個區域。由接近河邊的建築定名 Building A，延伸到馬路一邊，直至酒店大堂的一座為 Building C。

專屬碼頭。

近河邊的 NAVA Sala。

地 2052/7-9 Charoen Krung 72/1, Khwaeng Wat Phraya Krai, Khet Bang Kho Laem, Bangkok 10120

網 www.thesalilriverside.com

交 BTS Silom Line **Saphan Taksin 站** 1 號出口步行至碼頭，轉乘酒店接駁船（約每小時一班）。或轉乘巴士 1、15、17 或 547 號到石龍軍路 72/1

酒店中庭泳池。

酒店主要入口。

Building A

若乘酒店接駁船來到 The Salil，專屬碼頭對面的就是 Building A，以餐廳為主，當中 NAVA Restaurant 分為 NAVA Sala、NAVA Kitchen 等不同風格，分別提供泰國菜及世界各地菜式，甚有格調。

Building C

由石龍軍路來到，首先會看到酒店 Building C，主要是酒店大堂及售賣紀念品的地方。上層有咖啡店 SHALOBA Boutique Coffee，咖啡及烘焙產品以酒店價格來說不算高。還有按摩及個人護理服務，適合需要放鬆的朋友。另外桌球枱更得小朋友喜歡。

Building B

中庭泳池能同時看到河邊美景及酒店的漂亮建築，十分悠然寫意。旁邊分別有輕食咖啡店及迷你酒吧為主的小商店，包括 BRIX Dessert Bar 及 BRIX Minibar 等，能享受西式精緻下午茶點。

Karmakamet（香氛產品專門店）

位 Building B 地下 **時** 10:00~22:00

泰國著名香薰產品專門店，在 2001 年於翟道翟週末市場起家，時至今日，從門面到商品包裝都主打高格調，裝潢帶復古及神秘色彩。Karmakamet 商品種類多樣，除擴香瓶、按摩精油、香薰蠟燭，還推出護手霜等個人護理產品。

凜 Rin Taro（日式雪糕店）

位 Building B 地下

時 週一至五 12:00~22:00、週末及假期 11:00~22:00

Ready To Eat Cup - 2 Flavors（即食杯 - 兩種口味 ฿130）

Japanese Sweet Potato 及 White Chocolate Strawberry

日本番薯及白朱古力士多啤梨，前者有粒粒番薯肉，在幼滑雪糕中加上軟糯口感；後者味道清甜，白朱古力與士多啤梨味道平衡。Rin 以蜂蜜代替白砂糖，甜度適中。伴隨雪糕的窩夫片亦是每天新鮮焗製。

2022 年 10 月 OPEN

Terminal 21 Rama 3

Terminal 21 商場一直是大眾逛街熱點，2022 年 10 月開幕的 Terminal 21 Rama 3 是繼 Asok 之後，在曼谷同系列的第二個商場。

地 356 Rama III Road, Khwaeng Bang Khlo, Khet Bang Kho Laem, Bangkok 10120
時 10:00~22:00
交 BTS Silom Line **Surasak 站** 4 號出口轉乘免費接駁小巴

馬卡龍及甜品店裝飾都很夢幻。

地下（英倫風）

商場入口層，以服飾店為主，有不同的國際服裝品牌如 Uniqlo 等。由於是英倫風，所以裝飾多以熊仔為主。最特別是有艘放置在水池內的小船，十分有氣派。Gate 4 出口可到戶外，近距離觀賞昭拍耶河及鄰近景色。

Rama 3 與 Asok 一樣以機場航運大樓作主題，每層有不同國家的特色，包括英倫、意大利、日本等。設計貫徹全商場，由樓層主要部分到洗手間都有大量擺設。此外，Rama 3 鄰近昭拍耶河，是欣賞景色的絕佳地方。

1 樓（意大利風）

主要是運動品牌及餐廳，有不同的意大利主題裝飾。

2 樓（法國風）

餐廳及藥妝樓層，通道都擺放車位攤檔，善用空間。法國風主題比較浪漫及童話，裝飾不局限地上擺設，吊在半空中的都有不少，逛街時不妨抬頭看看。

3 樓（日本風）

主要是電子產品、銀行及美容中心，以人力車、柴犬及拉麵這些極具日本代表性的事物裝飾。

4 樓及 5 樓（舊金山風）

來到舊金山風層當然不可以錯過 Pier 21 美食廣場，齊集多種地道菜式，價錢划算，最便宜的港幣十元都不用。以往泰國的美食廣場都要先購儲值卡，現在已可用 PromptPay 付款，不用排隊買卡退卡更方便。

ขาหมูเปล่า（Chopped Pork Legs，淨滷水豬手 ฿89）
泰國滷水豬手遠近馳名，煮得非常入味。上桌時店員將豬手皮肉分開，照顧不同人士喜好。除了豬手，還配一隻滷水蛋、醃菜及生蒜等配料。

ไก่ย่างเปล่า（Chopped Roasted Chicken，淨燒雞配泰式醬汁 ฿45）
相對便宜，足足一塊燒雞，分量不算少。碟邊配泰式醬汁及青瓜。

คั่วไก่ (เส้นใหญ่)（Fried Noodles with Chicken (Big Noodle)，乾炒雞河 ฿30）
港幣十元不用就吃得到。不要小覷顏色偏白會味淡，其實非常夠味。雞肉及河粉分量配搭剛好，亦炒得很有「鑊氣」。以價錢和分量來說無可挑剔。

ออส่วนหอยนางรม（Oyster Omelette，鐵板蠔仔餅 ฿85）
色香味俱全，蠔仔餅即叫即做，以鐵板上桌，端回座位時仍滋滋作響。蠔仔分量一點都不少，每粒都脹卜卜非常吸引。配上墊底芽菜、雞蛋及粉糰一起吃又軟又爽口。

ข้าวหน้าเป็ดย่าง（Roasted Duck with Rice，燒鴨飯 ฿35）
燒鴨飯配上泰式燒味汁味道出眾，燒鴨分量亦不少，還有菜芯伴碟。不用港幣十元物超所值。

มะพร้าวน้ำหอม（Fresh Coconut，椰青 ฿35）
來泰國一定要喝椰青，即叫即開都是 ฿35 而已。喝完還可吃鮮嫩椰肉，有夠透心涼。

เล้งแซ่บ（Hot & Spicy Pork Neck Bones Soup (Lang Zaap)，酸辣豬骨湯 ฿60）
泰國夜市名物，雖然賣相沒有火山狀般壯觀，但分量剛好適合一至二人分享。豬骨湯味道酸辣開胃，肉骨預先燉好，質感軟綿，值得一試。

Tangible

平常我們只能在科學展覽才看到的主題裝飾，竟然可以在咖啡店看到？位於石龍軍路的 Tangible 是以全球暖化為題的咖啡及零售店。

Tangible 共兩層高，驟眼看下層與普通咖啡店無異，其實擺放了各式標榜耐用及可重用商品，包括防水布袋、不鏽鋼保溫瓶及石紋餐具等，鼓勵顧客少用即棄品，改善全球暖化現象。

2 樓塑造乾旱土地面貌，讓人體驗全球暖化嚴重時，地球會變成怎樣，從而喚醒注意。此外，同層亦有衣服售賣，款式比下層鮮艷誇張，未知是否希望穿着者走在街上，能吸引更多人望到回收標誌，為地球出一分力呢？

Coffee Break（฿180）
賣相吸引，黑咖啡上鋪有一層綿密奶泡，足以撐起鮮橙片。奶泡上有黑胡椒和香草碎，從帶花香的咖啡、奶香，再到黑椒香草餘韻，十分醒神。

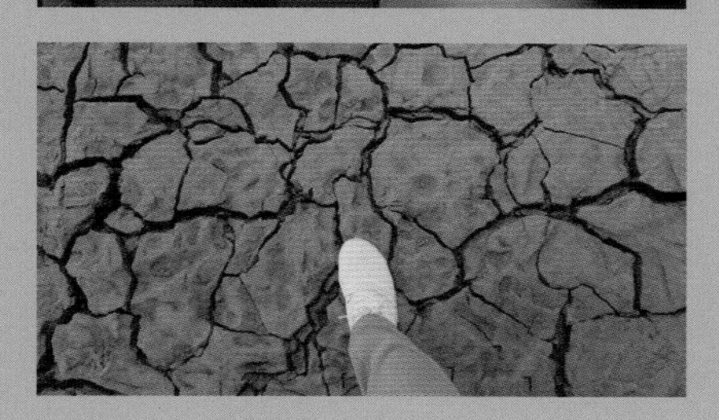

二樓模擬乾旱爆裂的地面。

地 2350 Charoen Krung Road, Khwaeng Bang Kho Laem, Khet Bang Kho Laem, Bangkok 10120
時 09:00~18:00
休 週二
交 由 Central Pier 乘船至 Asiatique The Riverfront 碼頭，再沿石龍軍路步行約 15 分鐘

Tangible 有售自家品牌男女裝衣物。

MAP

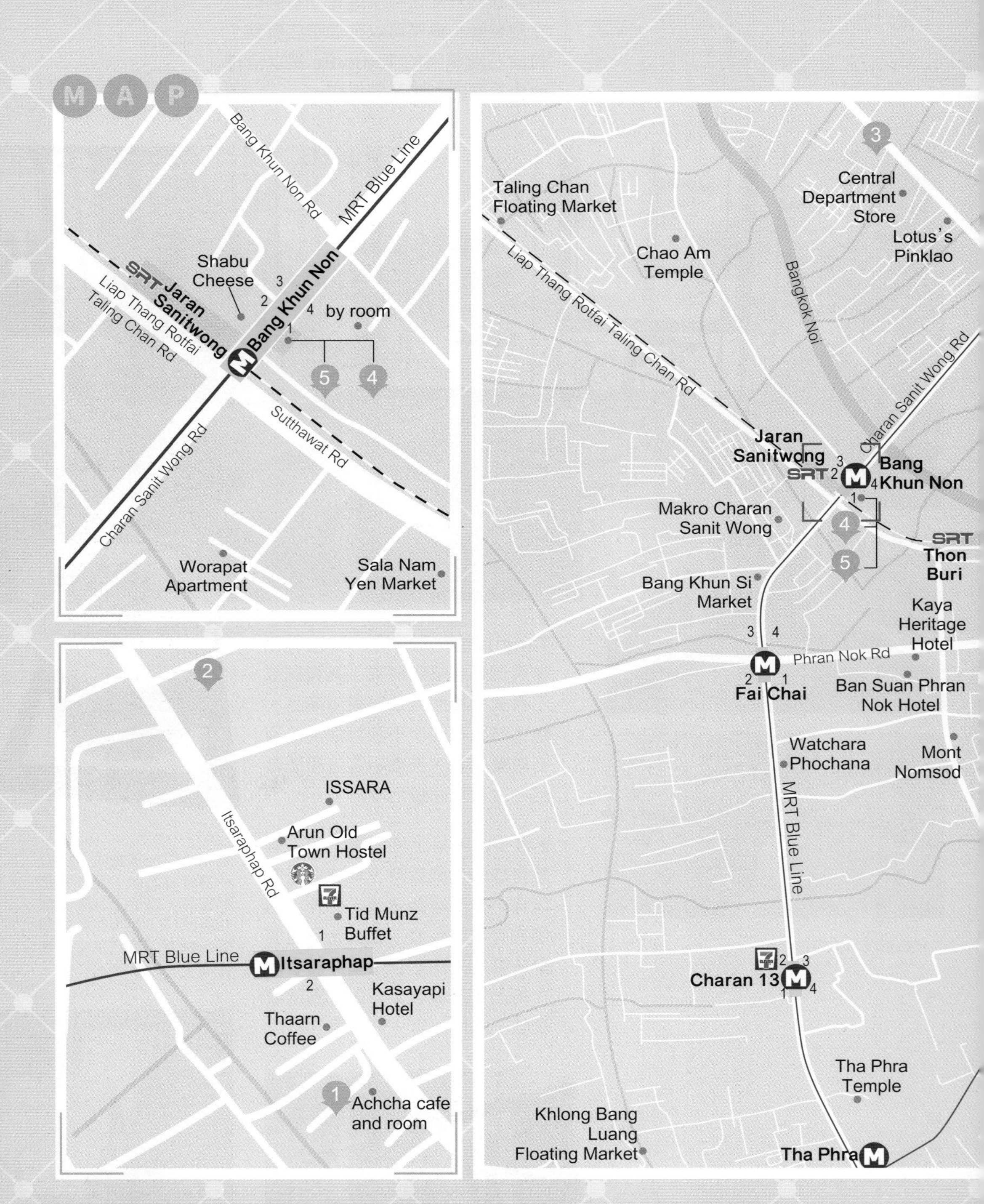

❶ Itsara Chud Thai ❷ JOMO Bakehouse & Cafe ❸ Copper Beyond Buffet ❹ PUPHA Grill Bar ❺ MEKAR Cafe & Bistro

Bangkok Yai
Bangkok Noi

曼谷艾縣＋曼谷蓮縣

曼谷艾縣和曼谷蓮縣是曼谷古老城區，取名自鄰近兩條與昭拍耶河匯流的同名河流，不少遊客必去的黎明寺（Wat Arun）和 Wang Lang 市場就是位於這兩個縣。雖然區內以傳統建築為主，但不少新一代本地人投入創意，注入了新鮮感。

黎明寺

交通方式

Central Pier – Sathorn（BTS Saphan Taksin 站 2 號出口）

船 ---- Blue Flag ----> Prannok 或 Wat Arun 碼頭

MRT ---- Blue Line ----> 介乎 Bang Yi Khan 及 Tha Phra 站

2023 年 2 月 OPEN

Itsara Chud Thai

地 27 Itsaraphap 23 Alley, Khwaeng Wat Arun, Khet Bangkok Yai, Bangkok 10600
時 09:30-18:00
交 MRT Blue Line **Itsaraphap 站** 2 號出口步行約 1 分鐘

位於昭拍耶河沿岸的黎明寺（Wat Arun）是其中一個拍泰服照的熱門地點，不過寺內遊客人山人海，想拍到有氣派的照片，要多花點時間找角度。

泰劇〈天生一對〉廣受亞洲觀眾關注，劇中精緻漂亮的泰服更受支持者追捧，吸引遊客來到泰國體驗穿着泰服。旅遊復蘇後曼谷新式泰服店如雨後春筍，不時會在古蹟旅遊熱點看到一批批穿着泰服的遊客，連當地媒體都有報道，稱之為「泰國軟實力」。

由台灣人開設的 Itsara Chud Thai，價錢豐儉由人，款式齊全，由成年男女到小童款都一應俱全，上下身有不同顏色自由配搭，店員會建議如何配搭出好看造型。最重要是泰國店員懂國語，方便照顧華語地區朋友。

男士
網拍大全套 ฿790
基本套餐 ฿590

女士
華麗旅拍十二件大全套 ฿990
網美必備套餐七件組 ฿790
基本套餐五件組 ฿590

小童
超萌大全套 ฿790
基本套餐 ฿590

泰服上的配飾數量按照套餐價格而定，一般需要 30 分鐘穿着時間。為免店內擁擠，Itsara **採用預約制**，確保每位顧客得到妥善照顧。租用泰服價錢以整天計算，最遲還衫時間是 18:00。

除了租借泰服，Itsara 還提供專業攝影服務，希望穿起泰服留倩影的朋友可預訂。為方便到各景點拍照，店員可推介相熟的篤篤車司機，有心水景點想去不妨向店員提出。

Itsara 的泰服和配飾每天都會消毒清洗，確保乾淨衛生，顧客可以放心穿着，配搭自己喜好的顏色和風格。

漸變色的泰服款近年越來越受歡迎，較多年輕女士選擇，感覺更顯青春活力。

穿起服裝後店員會協助戴上配飾，談話間得知他們除了泰語、國語及英語，還懂簡單日語。

自助梳妝台。

黎明寺 — มะม่วงน้ำดอกไม้ทอง (Golden Mango，金白花芒果 ฿89)
雪條造型特別，泰國男孩配合一身泰服打扮。味道也不敷衍，甜度適中，芒果味道像真，隱約吃到一絲絲果肉纖維。吃完後會見到木雪條棍的祝福語，每條不同。

2022 年 3 月 RELOCATE

JOMO Bakehouse & Cafe

在曼谷不難見到咖啡店，但吸引顧客的關鍵是要風格特別。JOMO Bakehouse & Cafe 在泰國網絡上是極具人氣的打卡咖啡店，多種選擇的咖啡飲品及糕餅亦是這裏的賣點。

JOMO 設有室內及半戶外座位，室內裝潢以白色牆為主，並以木和藤椅作點綴。雖然陳設非高級細緻，但在玻璃滲透的陽光照射下，營造舒適氛圍。戶外鋪假草皮，帶些微露營風，寫意悠閒。大門口更精心採用圓拱門，加強鄉村大自然味道，如世外桃園。

地 4/1 Wang Doem Road, Khwaeng Wat Arun, Khet Bangkok Yai, Bangkok 10600

時 週一至五 08:00~18:00
週六日 08:00~19:00

交 MRT Blue Line **Itsaraphap 站** 1 號出口步行約 4 分鐘

JOMO 距離黎明寺只有 8 分鐘步程，參觀前後或穿起泰服來吃下午茶，都是不錯的選擇。

JOMO Dirty（招牌髒髒咖啡 ฿110）
JOMO 特色 Menu，杯緣沾朱古力醬和碎碎，湊到嘴邊已聞到濃郁可可香。咖啡亦做到漸層效果，賣相適合拍照，但要把握好時間，不然咖啡就會沉到底。

Strawberry Shortcake（士多啤梨蛋糕 ฿150）
新鮮士多啤梨口感爽脆結實，帶淡淡清香，配軟滑忌廉甜度適中。

Apple Crumble Cheesecake（蘋果金寶芝士蛋糕 ฿130）
奶醬和芝士味濃郁，不會過甜。蛋糕內有很多新鮮蘋果粒，為啖啖芝士蛋糕增添口感。雖然 Crumble 碎不太脆口，但不失為一道精彩的甜品。

2023 年 4 月 RENOVATE

Copper Beyond Buffet

吃自助餐，除了酒店餐廳，半自助形式的 Copper Beyond Buffet 都是不少人眼中性價比極高的選擇，被譽為「**自助餐天花板**」。正因口碑載道，預約人數有增無減，一桌難求，所以在 2023 年初裝修擴張，以容納更多食客。

Copper 室內裝潢及侍應服務均屬五星級。

Copper 須預約及全數預付，可在 Hungry Hub 應用程式辦妥，內有各種套餐可選，視乎主菜多寡而定。用膳限時兩小時，訂座只保留 15 分鐘。到達後在 Reception 憑預約號碼領取桌號，後到 Copper Dining Hall 入座。

地 2/F The Sense Pinklao, 71/50 Borommaratchachonnani Road, Khwaeng Arun Amarin, Khet Bangkok Noi, Bangkok 10700

時 週一至五 12:00~14:00、16:30~21:00，週六日 10:00~14:30、16:00~20:30（預約制）

交 MRT Blue Line **Bang Yi Khan 站** 1 號出口步行約 20 分鐘，建議乘的士前往。

Copper 半自助餐分兩種形式：A La Carte 及 Serving，前者自行選取，後者則下單後由侍應送上。供應的食物種類多元，燒、焗、炒、涼拌等多國菜式一應俱全。飲品亦甚為精緻，同樣分為自取（一般汽水或咖啡熱茶）及憑杯到飲品吧由職員炮製特色飲料。

Package A - ฿1999
Baked & Torch Canadian Lobster Tail with Trio Cheese Veloute（三重芝士焗加拿大龍蝦尾）

Package A 包一道主菜，可三選一，我選擇三重芝士焗加拿大龍蝦尾。肉預先取出，經煮熟及芝士火炙後肉質鮮嫩彈牙。三重芝士充滿奶香，但不會感到膩。

各款任點菜式

Baked Seafood Risoni Argentinian Prawn Ikura（阿根廷蝦海鮮焗米粒麵）

即叫即焗，阿根廷蝦輔以三文魚籽及Risoni（米粒麵），用芝士焗製後香味爆發，蝦肉彈牙爽口。米粒麵分量只約一匙，可留胃納嘗試不同菜式。

Norwegian Fjord Trout Wellington Spinach, Yellow Crab Curry（威靈頓挪威鱒魚配黃咖喱蟹）

這道菜十分創新，混入泰國菜煮法。鱒魚和酥皮之間是黃咖喱蟹，入口有很濃的香料味，與外層跟中間魚肉味道匹配，沒有違和感。

Australian Wagyu Sushi（澳洲和牛壽司）

從外表很難看得出是壽司，因為和牛的尺寸太大了，壽司飯糰只有小小一口。澳洲和牛味道濃郁，肉質薄身鮮嫩，容易咀嚼。

Spaghetti Nero Seafood（墨汁海鮮意粉）

除了墨汁意粉，蝦肉及青口都裏上黑色醬汁。整體帶鮮味及一點點辣。

Australian Striploin Steak（澳洲紐約克牛扒）

我選五成熟。表面有鐵板煎過痕跡，肉質帶少許脂肪，恰到好處不會太硬，能鎖着肉汁。

Seared Seabass with Tom Yum Sauce（冬蔭汁煎鱸魚柳）

鱸魚柳煎封得十分香脆，惟略嫌有點過乾，但配上冬蔭汁稍微彌補瑕疵。微酸的汁沒有蓋過魚肉鮮味。

Fettuccine Hokkaido Scallop Truffle（北海道帶子松露扁意粉）

厚肉北海道帶子火候控制得很好，煎香同時保持彈牙和軟熟的口感。意粉質地恰到好處，並充滿濃濃的蛋香。

Angel Hair Truffle（松露天使麵）
芝士加熱與松露汁融為一體，天使麵充分掛上芝士松露汁，香氣在口中久久不散。

Hamachi Ikura Yuzu Sushi（三文魚籽油甘魚壽司）
Akaebi Aburi Sushi（炙燒赤蝦壽司）
兩款壽司都做得出色，能品嚐食材鮮味之餘，魚籽更畫龍點睛，帶出脆脆口感。

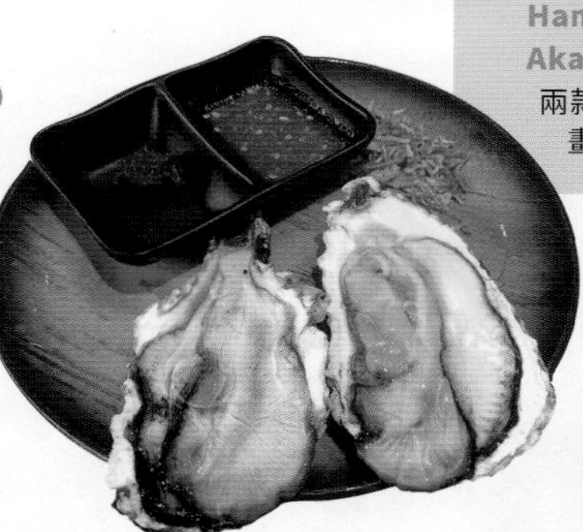

Miyagi Oyster（日本生蠔）
泰式食法配日本生蠔。生蠔與海鮮醬、辣椒醬及炸乾葱一同吃，令蠔肉味道更多變化，微酸的海鮮醬亦很開胃。

Truffle Soup and Croissant（松露湯配牛角包）
牛角包酥脆充滿牛油香，蘸松露湯簡直是絕配。

Australian Wagyu Beef Boat Noodle（澳洲和牛船麵）
重點是和牛跟濃湯，和牛肉片鮮嫩，有濃濃牛肉香；湯底與坊間船麵比，味道特別厚身濃郁，來到Copper不可以錯過。船麵可選擇金邊粉和米粉。

Khao-Soi Beef Cheek（牛臉頰肉咖喱麵）
咖喱麵的肉可選雞肉或牛臉頰肉。肉質不會過老，咖喱湯充滿椰香味但不膩。喜歡帶點酸味提鮮的不妨擠幾滴青檸汁。

Truffle Macaron（松露馬卡龍）+ Raspberry Macaron（覆盆子馬卡龍）+ Tartelettes Caramel(焦糖撻)
馬卡龍質感鬆脆，不會太甜，有淡淡杏仁清香。焦糖撻的焦糖醬軟滑，配果仁口感特別，撻底亦做得十分出色。

Creme Brulee（法式焦糖燉蛋）
面層焦糖香脆，底下燉蛋軟滑，雲呢拿和蛋香充盈口內。

2023 年 3 月 OPEN

PUPHA Grill Bar

- 地 266/3 Charan Sanit Wong Road, Khwaeng Siri Rat, Khet Bangkok Noi, Bangkok 10700
- 時 16:00~00:00
- 交 MRT Blue Line **Bang Khun Non 站** 1 號出口

Pupha 位於機械用品公司大廈後方相連位置，由舊式倉庫改裝而成，空間十足，樓底較高。倉內仍保留吊機，並掛上大大塊牛扒模型，甚有特色。其他地方則以燈飾及招牌點綴，為舊倉庫注入新元素。

不只有美輪美奐的裝修才能吸引客人，前身是工廠大廈，裏面仍有吊機的倉庫都可搖身一變成為餐廳。價錢平民及地道口味是 Pupha 的成功關鍵，每到晚上都有不少打工仔及學生捧場，非常有人氣。

泰國人向來比較重口味，所以 Pupha 提供多款醬汁供客人調味。除了現成調味料，還有 Pupha 自製醬汁和新鮮辣椒等，可自由配搭。

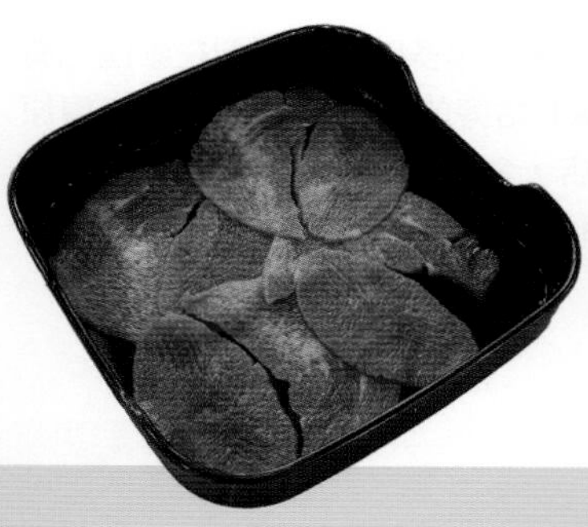

Tongue（牛舌）
雖然是冷藏牛肉，但整體味道尚算不俗。泰國不少人因為宗教原因不吃牛，所以牛肉部位選擇不多，在 Pupha 憑便宜的價錢就可吃到牛舌。

Pork Belly Korean（韓式五花腩）
五花腩有韓式厚切和薄切腩片兩種選擇。厚切可自己用剪刀剪開，按自己口味分配脂肪和肉的比例，再蘸自己調配的蘸醬。

兩小時**燒肉自助餐**只需 ฿299，物超所值。從牛肉豬肉、海鮮蔬菜、小食主食、雪糕，甚至泰式涼拌，一個價錢就吃到，適合心多的朋友。自助餐不包飲料，可另加 ฿39 或 ฿199 就有基本飲料或啤酒任飲。

Pupha 除了有韓式平板燒烤，還有泰式 Mookata 鍋，如果想煮菜和麵，不妨選擇後者。

Shrimp（蝦）/ Squid（魷魚）
雖是冷藏海鮮，但沒有雪味，燒烤及蘸各式醬汁後味道可接受。

Vietnamese Sausage Salad（涼拌扎肉）
泰式涼拌小食，椰菜及紅蘿蔔絲脆口新鮮，酸辣味道很開胃，同時能減低燒烤時的油膩感。

Fried Crab Stick（炸蟹柳絲）
除泰式涼拌，Pupha 還有其他前菜小食。當中的炸蟹柳絲與香港煎釀三寶的炸蟹柳不一樣，更像泰國袋裝小食那種，較脆口，配茄汁味道不錯。

加 ฿39 就可無限添飲，包括菊花茶和綠茶等清熱飲品。

自助雪糕櫃
Pupha 提供泰國著名牌子 ètè 雪糕，味道及質感都較適合大眾口味。

2022 年 1 月 OPEN

MEKAR Cafe & Bistro

工廈咖啡店在香港已興起多時，沒想到在泰國也有同樣概念。在 MRT 站旁的黃祥盛有限公司大廈原來有間隱世咖啡店，名為 Mekar Cafe & Bistro。店名中的“Mekar”在泰文是雲朵之意，與天台主題十分貼切。

招牌前的卵石地有部分被踩光，毫無疑問是 Mekar 必到的打卡位。

地 4/F, 266/3 Charan Sanit Wong Road, Khwaeng Siri Rat, Khet Bangkok Noi, Bangkok 10700

時 週日至四 11:00~22:00
週五六 11:00~00:00

交 MRT Blue Line **Bang Khun Non 站** 1 號出口

Mekar Matcha XP（招牌抹茶 XP ฿150）
名字和造型會引起一代人共鳴。在 Mekar 的創意下，將經典電腦作業系統 Windows XP 標誌性的 Wallpaper 搖身一變成招牌飲料。大雲朵以棉花糖去呈現，飄浮在天空。綠色的抹茶代表青草地，蝶豆花與牛奶是藍天白雲。

Cafe Latte - Hot
（熱拿鐵 ฿85）
中規中矩的熱拿鐵，雖然沒有出眾的拉花，但在Mekar環境下享用亦屬寫意。

Mekar以白為主色，從室內牆身到桌椅無一例外，最特別莫過於上層天台，區內景色一望無際。特定晚上有現場樂隊表演，坐在仿草地上觀看賞心悅目。Mekar是Cafe & Bistro，除了特色飲料和牛角包等，還有不少精緻餐點。

Mekar位於舊式工廠大廈4樓，客人要先乘搭舊式拉閘升降機，才能穿越到「雲層」，是個不錯的體驗。

Udon Pupha Sauce with Pork（醬汁炒豬肉烏冬 ฿135）
炸蒜片香脆，味道亦突出。經洋葱汁煮過的薄切豬肉片亦保持肉汁，質感不會過老。另有炒牛肉版本。

❶ Big C Place Ratchada ❷ The Street Ratchada（Night Market）
❸ Khun Keoi Eatery, Cafe & Bar ❹ The One Ratchada ❺ Khoad Yum Thailand

Din Daeng
鄰鈴縣

單說鄰鈴縣，未必每個人都知道在哪裏，但只要說路口象神廟，相信不少人都曾經來過求神許願，廟就位於鄰鈴縣。

鄰鈴縣以平民住宅為主，區內配套齊全。沿其中一條主要道路 Ratchadaphisek Road 而行，購物中心、超級市場，以及夜市一應俱全。對於需要購買手信及閒逛夜市的人，是最好不過的地方。

象神

交通方式

MRT ---- Blue Line ----→ Huai Khwang 及 Thailand Cutural Centre 站

Mestyle Garage Hotel

HOMITEL

Pracha Rat Bamphen Rd

醉心米線

Atrium Boutique Hotel

Pracha Uthit Road

韓國駐泰國大使館

2023 年 RENOVATE

Big C Place Ratchada

來曼谷想買食物手信，第一個想起的地方想必是 Big C 吧！即使香港有分店，都無阻遊客去逛泰國 Big C 血拼。位於舊拉差達火車夜市附近的 Big C Extra Ratchadaphisek 在 2023 年下旬大規模翻新，重新定位為 Big C Place Ratchada，注入更現代的新形象。

Big C 超級市場。

地 125 Ratchadaphisek Road, Khwaeng Din Daeng, Khet Din Daeng, Bangkok 10400
時 09:00~23:00
交 MRT Blue Line **Thailand Cultural Centre 站** 4 號出口步行約 5 分鐘

Kleb 必買推介

มาม่า บะหมี่กึ่งสำเร็จรูป รสหมูสับ (MAMA Instant Noodles Minced Pork Flavor，媽媽牌豬肉味湯麵 ฿69 / 10 Packs)

豬肉味湯即食麵，內有 10 小包，便宜划算。媽媽牌是泰國人由小吃到大的牌子，質素有保證，包裝上更強調加有鐵質及維他命 A。

กูลิโกะ เพรทซ์ ขนมกรอบแบบแท่ง รสลาบ / รสต้มยำกุ้ง (GLICO Pretz Biscuit Stick Larb / Tom Yum Kung Flavor，固力果百力滋辣豬肉味 / 冬蔭功味 ฿11 / pack)

泰國產百力滋比日本版更惹味，辣豬肉味及冬蔭功味都充滿泰國特色。

經翻新後的 Big C 分作多區，除大家必定會去的超級市場，還有連鎖餐廳、美食廣場（Big C Food Avenue）等，區分鮮明。不少泰國人都會來購物及吃飯，十分平民和地道。至於遊客最常逛的超級市場，空間規劃得寬敞易逛。商品不會獨沾一味是「旅客必買」的大包裝，本地人購買的日常食物、用品一應俱全，適合去發掘性價比高商品。

บลู เอเลเฟ่ นท์ พริกแกงกะหรี / มัสมั่น (BLUE ELEPHANT Thai Premium Paste - Yellow Curry / Massaman Curry，藍象黃咖喱醬 / 馬沙文咖喱醬 ฿125 / pack)

屢獲米芝蓮推薦的藍象泰國菜餐廳，推出多款現成醬料，在家都可以煮出地道泰式咖喱。

泰國大型傢俬家品店 HomePro。

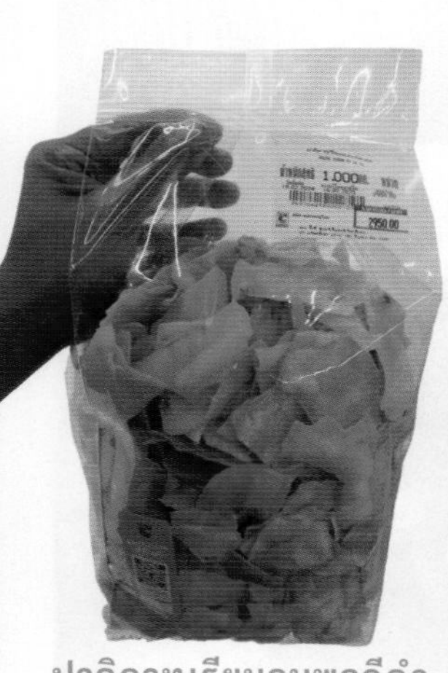

ปาลิดาทุเรียนอบพอดีคำ (AA Palida Durian FZ，一口榴槤乾 -1 公斤裝 ฿2950)

可即場秤重包裝，而且榴槤乾都會新鮮一點。

เทมปุระส้มตำไทยไข่เค็ม (Taokaenoi Tempura Seaweed - Thai Papaya Salad with Salted Egg Flavor，小老闆炸紫菜天婦羅 - 鹹蛋木瓜沙律味 ฿129)

小老闆賣紫菜片起家，經常搞新意思吸引顧客。炸紫菜天婦羅比普通薄身紫菜片脆口，味道亦有新意。

就算購物大出血，泰銖不足都毋須擔心，場內有橙色 SuperRich 1965 兌換店分店。

The Street Ratchada (Night Market)

疫情期間，一系列防疫措施削減了商店人流，為平衡衛生及生計，The Street Ratchada 在商場前面空地創造出「**朝行晚拆**」露天夜市，成功挽回人流。The Street Ratchada 夜市內不少攤檔都是連同車輛駛進擺檔，不會搭帳篷，與其他夜市不同，環境較開闊好逛。

地 139 Ratchadaphisek Road, Khwaeng Din Daeng, Khet Din Daeng, Bangkok 10400

時 16:00~23:00（商場 24 小時開放）

交 MRT Blue Line **Thailand Cultural Centre 站** 4 號出口步行約 5 分鐘

The Street Ratchada 是曼谷熱門商場，賣點是部分餐廳 24 小時營業，深夜時分有不少學生及年輕人流連消遣。

地道的迷你香水每支฿100，買三送一，特別適合頻繁出門的朋友，不用自行分成小瓶，而且少容量就算帶上飛機都沒問題，很方便。

The Street Ratchada 夜市食物和乾貨攤檔各佔約一半，泰式木瓜沙律和自選配料奄列攤販都十分親民，數十泰銖就有交易。夜市內乾貨攤檔偏向女生喜好，除衣服、香水和裝飾品等，連美甲店都有，價錢只需 ฿250 起。

婆婆攤檔，售賣的全都是針織公仔，有不同款式和大小。最貴的 Elsa 公仔都只是 ฿250，手工非常仔細和可愛。

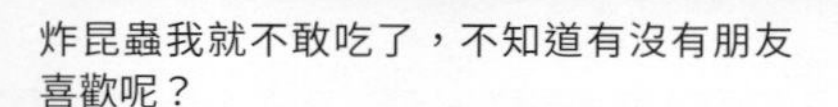

炸昆蟲我就不敢吃了，不知道有沒有朋友喜歡呢？

ห่อหมก（Hor-mok）是利用蕉葉包裹咖喱醬及各款配料燒成，很好下飯。一個 ฿35，配飯和蛋都只需 ฿55，經濟實惠。

外圍的小酒吧。

Khun Keoi Eatery, Cafe & Bar

คุ้น・เคย

地 486 Soi Ratchadaphisek 7, Khwaeng Din Daeng, Khet Din Daeng, Bangkok 10400

時 10:00~21:00

休 週一

交 MRT Blue Line **Thailand Cultural Centre 站** 4 號出口步行約 12 分鐘

泰國人都會玩「食字」，Khun Keoi 泰文名字「คุ้น・เคย」一語雙關，除了解作「熟悉的」，還隱藏着泰南名物蝦醬之意。蝦醬在泰南一帶可以用磷蝦「เคย」（Keoi）借代，真的不得不佩服店主創意。Khun Koei 是餐廳兼 Cafe，由舊屋翻新而成，以**泰南家常菜**作賣點，店方希望從氛圍及口味上為客人帶出熟悉的感覺。

ไก่บ้านผัดพริกแกงใต้
(Stir Fried Chicken with Southern Curry Paste，泰南咖喱醬炒雞 ฿170)
點之前要三思，因為咖喱醬炒雞貫徹了泰南人的重口味，辣度刺激嗅覺與味蕾。雞肉使用走地雞，肉質較結實，味道亦較濃。

圖文並列的英文餐牌。

แกงคั่วหอยขม
(Freshwater Snail in Curry，咖喱燴田螺 ฿190)

以咖喱汁煮田螺肉、假蒟葉及金合歡葉，非常入味，椰漿味道香滑，很適合伴飯。螺肉質感介乎爽與韌之間，甚有嚼勁。金合歡葉質感吸汁，本身香味混和咖喱在口中爆發，齒頰留香。

店主傳承祖母流傳的泰南洛坤府（Nakhon Si Thammarat）配方，主打鹹辣口味。在 2023 年獲得泰國第 3 電視台美食主持人 Khun Reed 頒發「อร่อยเลิศ 麗美食」認證，以表揚出眾口味。

Khun Keoi 有兩層，閒時只開放下層，但都可看到裝飾方面有下心思，橫樑上的單車及窗簾自帶家庭溫暖。它位於住宅區，住在附近的外地人都會來捧場，因此貼心提供英文菜單，方便點餐，讓更多人吃到泰南祖母的味道。

ฟักทองผัดไข่
(Stir Fried Pumpkin with Egg，南瓜炒蛋 ฿95)

外表平平無奇的家常菜，但食材新鮮，南瓜味道突出，非常鮮甜。炒蛋亦香口，錦上添花。

หมูจำเหี่ยว
(Salted Fried Pork Belly，鹽炸五花腩 ฿130)

很多人抗拒吃五花腩，怕脂肪肥膩。但鹽炸五花腩顛覆既有印象，因為五花腩油炸時逼出多餘脂肪，只剩下帶咬口的脂肪及豬肉，沒有油膩感。五花腩經鹽及炸蒜調味後香口惹味，適合作為前菜。

麗美食獎項。

2022 年 9 月 OPEN

The One Ratchada

疫情期間，拉差達火車夜市關閉撤離，取而代之，新夜市 The One Ratchada 在原址開張。雖然沒有了過去標誌性的彩色帳篷，但空間感更大的設計，比以往逛得舒服，不會有人迫人的感覺，成功吸引不少支持者。

開放式座位。

夜市食物便宜與否見仁見智，但可以肯定的是 The One Ratchada 攤檔非常貼心，提供三種語言菜單。

- **地** 55/10 Ratchadaphisek Road, Khwaeng Din Daeng, Khet Din Daeng, Bangkok 10400
- **時** 17:00~00:00
- **交** MRT Blue Line **Thailand Cultural Centre 站** 3 號出口步行約 3 分鐘

น้ำส้มปั่น (Orange Smoothie，橙味沙冰 ฿55)
雖然分量不大，但勝在賣相吸引，杯的手挽以竹製，流露泰國傳統風情。沙冰上以橙肉作裝飾，材料十足。

หมูปิ้ง (Grilled Pork，燒豬肉串 ฿15)
稱得上是泰國國民菜式，任何時候都可配糯米飯作餐點主食。The One Ratchada 燒豬肉串透出香濃燒烤焦香味，肉質軟而帶甜味。

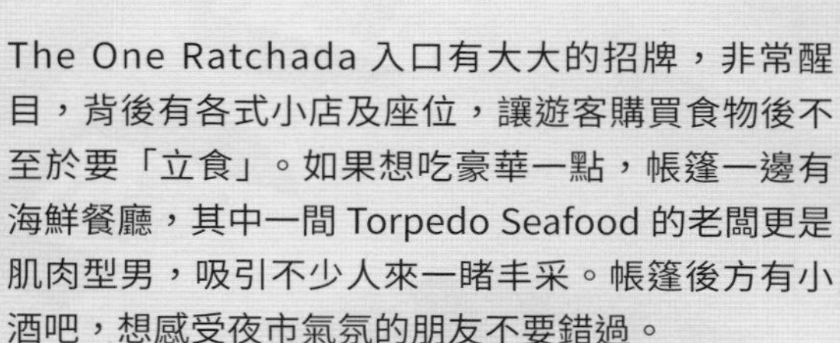

The One Ratchada 入口有大大的招牌，非常醒目，背後有各式小店及座位，讓遊客購買食物後不至於要「立食」。如果想吃豪華一點，帳篷一邊有海鮮餐廳，其中一間 Torpedo Seafood 的老闆更是肌肉型男，吸引不少人來一睹丰采。帳篷後方有小酒吧，想感受夜市氣氛的朋友不要錯過。

除了飲食攤檔及酒吧，亦有乾貨店舖。泰式手工藝袋、造型衣服及手機殼等產品一應俱全，價錢公道。

Hotpot Man
近年泰國興起吃麻辣的熱潮，Hotpot Man 任食麻辣火鍋店於 2024 年 2 月進駐 The One Ratchada，一開幕就吸引不少本地人輪座。

著名雪糕店 IceDEA 出品，貓狗造型的雪條製作得非常像真，可愛到無從入口啊！

乾貨攤。

芒果糯米飯（฿100）。

Khoad Yum Thailand

Khoad Yum 從 2019 年開業至今，排隊人潮一直沒有減退，晚市長期有不少本地人光顧，打烊時間更直至凌晨 3 點。原來開設 Khoad Yum 的店主 Khun Bow 大有來頭，經高人指點下從舞界轉戰飲食界，創下開店兩個月極速回本紀錄，排隊輪座人數高達 600 人。

地 169/71 Ratchadaphisek Road, Khwaeng Ratchadaphisek, Khet Din Daeng, Bangkok 10400

時 14:00~03:00

交 MRT Blue Line **Huai Khwang 站** 4 號出口旁

ยำหมูยอ (Spicy Vietnamese Pork Sausage Salad，涼拌扎肉 ฿140)

扎肉菜式一向是我的心頭好，但賣相如此豐富的涼拌扎肉還是第一次見。偏酸的涼拌辣汁除了主角扎肉，還有紫洋葱、椰樹芯及刺芹等配菜，互相提升食材原味道。據說 Khoad Yum 是在涼拌菜加入椰樹芯的始創者。

ยำกุ้งสด（Spicy Fresh Shrimp Salad，涼拌生蝦 ฿200）

相比起大家熟悉的泰國菜「公車腩霸」泰式生蝦刺身，涼拌生蝦賣相不如生蝦刺身白淨，開成蝴蝶形狀，但同樣開背剔出蝦腸，做足工夫。涼拌的辣汁味道同樣偏酸，十分開胃，爽口彈牙的生蝦與各樣配料配搭得天衣無縫。

ลอดช่องวัดเจษ（Thai Pandan Short Vermicelli in Palm-sugar Coconut Milk，椰汁彩絲冰 ฿35）

東南亞傳統甜品，米粉條（Vermicelli）的綠色來自斑蘭葉，帶淡淡清香。椰汁香濃幼滑，還有陣陣棕櫚糖香氣，混和碎冰後甜度適中。

ไก่ทอด（Deep Fried Chicken，炸雞 ฿90）

共四件，分量及價錢成正比。炸雞外皮香脆，灑上香口的炸葱頭點綴。惟肉質較乾，味道較淡，沒油分濕潤，幸好可以蘸涼拌辣汁彌補缺陷。

為節省輪候及點餐時間，拿籌時店員同時分發點餐紙，如有需要亦可對照泰文、英文及中文三語的圖文菜單點餐。Khoad Yum **主打泰式涼拌菜**（Yum），味道香濃而不太辣，整體口味香港人應能接受。因為顧客絡繹不絕，能確保食材新鮮，就算吃生蝦等生海鮮都較能安心。

น้ำแข็ง（Ice，冰杯 ฿5）

Khoad Yum 不提供免費冰塊，一杯冰要另付 ฿5，還好冰塊充足，分量尚算合理。

店舖商標，其中一人就是店主 Khun Bow。

店主篤信印度教，分店選址長年香火鼎盛的泰天神殿（象神廟）不遠處。Khoad Yum 室內有不少印度教神像、畫像及花紋等，並供奉象神（Ganesha）。由於捧場客多，Khoad Yum 店面特設櫃枱派籌，分流人龍及點餐。

著者
Kleb

責任編輯
蘇慧怡、張文浩

裝幀設計
鍾啟善

排版
鍾啟善、辛紅梅

出版者
知出版社
香港北角英皇道 499 號北角工業大廈 20 樓
電話：2564 7511　傳真：2565 5539
電郵：info@wanlibk.com
網址：http://www.wanlibk.com
http://www.facebook.com/wanlibk

發行者
香港聯合書刊物流有限公司
香港荃灣德士古道 220-248 號荃灣工業中心 16 樓
電話：2150 2100　傳真：2407 3062
電郵：info@suplogistics.com.hk
網址：http://www.suplogistics.com.hk

承印者
美雅印刷製本有限公司
香港九龍觀塘榮業街 6 號海濱工業大廈 4 樓 A 室

出版日期
二〇二四年四月第一次印刷

規格
16 開（240 mm × 170 mm）

ISBN 978-962-14-7519-0